做对“懒”爸妈 养出省心娃

沈奕斐 著

中信出版集团 | 北京

图书在版编目（CIP）数据

做对“懒”爸妈 养出省心娃 / 沈奕斐著. -- 北京：中信出版社, 2020.2 (2025.12重印)
ISBN 978-7-5217-1232-2

Ⅰ. ①做… Ⅱ. ①沈… Ⅲ. ①家庭教育 Ⅳ. ①G78

中国版本图书馆CIP数据核字(2019)第256472号

做对“懒”爸妈 养出省心娃

著　　者：沈奕斐
出版发行：中信出版集团股份有限公司
（北京市朝阳区东三环北路 27 号嘉铭中心　邮编　100020）
承 印 者：北京通州皇家印刷厂

开　　本：880mm × 1230mm　1/32　　印　　张：9.75　　字　　数：210千字
版　　次：2020年2月第1版　　印　　次：2025年12月第14次印刷
书　　号：ISBN 978-7-5217-1232-2
定　　价：52.00元

致我们的孩子

纪伯伦

你的孩子，
其实不是你的孩子。
他们是生命渴望自身的儿女。

他们通过你出生，
却并非来自你，
虽然他们和你在一起，却不属于你。

给他们你的爱，
而不是你的思想，
因为他们有自己的思想。

给他们的身体提供住所，
但不要禁锢他们的心灵，
因为他们的心灵属于明天，
即使在梦中你也无缘造访。

你可以努力将自己变得像他们，
却不要设法把他们变得像你，
因为生命不会后退，也不会滞留于往昔。

你是发射孩子生命之箭的弓，
弓箭手在无涯之路上瞄准目标，
他用尽力气将你弯曲，好让他的箭射得又快又远。

请你欣然在弓箭手手中弯折吧，
因为他既爱那飞驰的箭，也爱那稳健的弓。

目 录

02

03

04

小红花：正面标签贴哪里？_121

05

魔法水：80%的问题都不是问题 _157

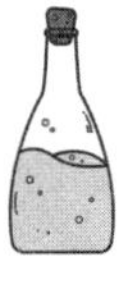

06

07

序　言

这本书写给那些努力想要成为好父母的朋友和教育行业相关从业人员，希望能从社会学和心理学两个角度把当代家庭教育中遇到的问题讲清楚，减轻大家的焦虑，帮大家找到家庭教育的方向和具体操作方法。

中国的父母太冤了

2007 年到 2009 年，作为复旦大学社会学系的教师，我在哈佛大学做燕京访问学者。由于我的研究方向是家庭社会学，所以我当时跟合作伙伴——哈佛教育学院和人类学的教授们一起到社区去走访那些“有问题”的孩子。这里所谓“有问题”的孩子不是指人品不好的孩子，而是指那些在街头斗殴、离家出走，甚至有吸毒情况的孩子。

我们在走访中发现，这些孩子几乎都处在缺少父母关爱的环境里：要么是他们的父母自己有严重的问题，比如吸毒；要么就是父母自己的生活很艰难，或者对孩子没有什么责任心，不太管孩子，甚至遗弃孩子。总而言之，在美国，孩子出现问题往往是因为背后有一个特别不靠谱、特别不负责任的家长。

回到中国以后，我也开始接触一些“有问题”的孩子，比如离家出走的孩子，经常打人的孩子，网络成瘾不回家的孩子……这时，我发现有一个特别奇怪的现象：这些“问题孩子”的父母跟我在美国看到的完全不一样。当然也有不管孩子的父母，但是大部分父母不是自我享受型的，而是极具牺牲精神，把时间、精力、金钱都投入到孩子身上，甚至有些父母牺牲了自己的事业，全身心地投入到孩子身上。可是，孩子还是会离家出走，跟父母的关系还是很糟糕，还是出现了很多问题。

中国父母对孩子的爱和牺牲在全世界都是有名的，可是收获的结果却和投入完全不成正比。这么一对比，我就觉得咱们中国父母太冤了：我们花了那么多时间和精力，对孩子这么尽心尽职，可还是出问题了！美国家庭出问题的都是那些父母不负责任，或者自己不努力的，而我们完全不是啊！

所以，从 2009 年开始，我就把研究的视角放到了那些委屈的父母身上。我很想找到问题所在：为什么这么努力的父母却没有收获好的结果？怎么做才能让父母不再委屈，让孩子能更好地成长？

在研究的过程中，我看到了更多“想不通的父母”“努力的父母”。他们各有各的问题，但是背后的原因却有很多的相似性。

想不通的父母

2019 年上半年“小龙女”吴卓林又上热搜了。据港媒报道，曾经有网友连续两天在加拿大多伦多偶遇吴卓林及其女友。该网友爆料，吴卓林在附近垃圾站拾荒，将居民丢弃的物品循环再用，疑似靠捡垃圾为生。

“捡垃圾”加上成龙非婚生女的身份，再一次让这个 18 岁的女孩成为外界关注的焦点。

这已经不是吴卓林第一次上热搜。2015 年，她以“遭受母亲虐待”为由第一次“报警抓母”。此后的两年多时间里，她又因“自杀自残”“出柜”“离家出走”“二度报警抓母”“失踪加拿大”等缘由，和频频失控的母亲吴绮莉一起成为 TVB 式八卦连续剧的主角。

在被女儿报警抓进警察局后，吴绮莉曾在节目里讲述她对女儿的溺爱和体罚。

她回忆，在“报警抓母”之前，她们的母女关系都很好。女儿“9 岁前，每天早上上厕所，都是我抱着她去的，15 岁前她还没醒我已经开始帮她换衣服……”但同时，吴卓林“不乖，我抓过去就打，打完以后就拿《辞海》，让她顶头上两小时不能放下来，否则就挨打”，还“试过用皮带抽女儿的大腿和屁股”。还有一次，过了晚上 11 点，催了好几遍，吴卓林都不睡觉，吴绮莉就“拿了很厚的纸，让她在那写‘我不睡’，停下来就打……写到第二天早上 5 点多”。

吴绮莉一直没有想通，为什么孩子到 15 岁就变了？为什么自己这么爱她，对她那么好，她却不领情？为什么自己那么严格要求她，她还是会变坏？为什么相比父亲，她更憎恨付出这么多的妈妈？

这样想不通的父母有很多很多，中央电视台曾播过一部名为《镜子》的纪录片，里面的很多“问题少年”的父母都是这样想不通的父母：为什么孩子就不能学好呢？为什么我说的话他都不听呢？

努力的父母

一位因为孩子出生而考了二级心理咨询师，一直在教育路上努力的妈妈，看了很多的育儿书。在孩子六岁以前，她带着孩子旅游，给孩子讲各种故事，让孩子学各种艺术，并且把孩子的生活安排得井井有条，非常有计划性，孩子也很开朗。她觉得已经给孩子打下了坚实的基础，孩子一定能顺利成长。结果孩子小学第一学期的期中考试就让她崩溃了，竟然考了全班第四名，而且是倒数第四名！她实在想不通，这么聪明的孩子，她用了这么科学的方法，为什么竟然考了倒数？

她觉得自己不在乎孩子的成绩，允许孩子自由发展，可是当孩子期末考试依然是倒数的时候，她一下子从一个强调快乐、自由发展的妈妈，变成了一个“鸡血妈妈”，一个寒假给孩子报了三个培训班。结果，一直活得比较散漫的孩子对这种安排出现了生理性不适应，开始有各种小毛病。

这位妈妈说：我不在乎成绩，可是考倒数肯定会影响孩子的自信心，也会让他的学校生活变得很悲催，这个时候，我们父母一定要帮助他成长。

于是，这位妈妈又开始努力地学习如何提高孩子的学习自驱力、如何培养孩子的学习习惯等各种教养理论。孩子的成绩终于有了起色，亲子关系却出现了各种各样的问题。这位妈妈开始逢人就说：孩子还是要上培训班的，要提前学习，否则进小学会很惨。曾经的快乐教育似乎被证明失败了。

在后来做大范围的研究和咨询的时候，我遇到很多这样委屈、想不通、努力的父母，他们从一个极端滑向另一个极端中间几乎可以没有过渡，孩子从听话变成叛逆似乎也是刹那的事情。

今天做父母真的很难，到底应该怎么做才是正确的？

我也是两个孩子的妈妈，所以跟大家一样，也会有很多育儿上的压力和困惑，也看了大量的育儿书，但是尽信书，不如无书。学术界有很多靠谱的文献，把孩子的成长、家庭教育是怎么一回事讲得非常清楚了。可如果把这些理论用在孩子身上，就需要很小心，因为各个家庭的文化语境、背景和孩子都是不同的。

尤其随着自媒体的发展，包括我们的朋友圈和各类公众号，各种良莠不齐的理论、方法等充斥眼球。我发现好多错误的家庭教育理念在朋友圈里到处转，一会告诉你孩子哭泣坚决不要抱，一会又告诉你孩子哭泣一定要抱起来。很多年轻父母感慨，看的育儿书越多，读的文章越多，面对孩子反而觉得越束手无策、越焦虑。

散乱的、没有依据的“育儿理论”不仅不能帮到父母，反倒让父母不知道到底什么是正确的。甚至有人离婚两次，有一天突然幡然悔悟，就可以作为“专家”讲婚姻的真谛了；有的父母仅仅因为孩子幼升小上了一所不错的小学，其拔苗助长的经验就被作为真理来传播了。

没有任何知识能成为永远的真理，但是有事实依据和被实验证明的理论的确会更有效，也更能帮助到个体，而这些理论有时候却由于太过学术而“养在深闺人未识”。我觉得应该有人把这些知识和规律总结出来，以通俗的语言和可落地的方法进行传播。

否则，家长们常常很努力，用了各种方法，但却找错了方向，结果越努力越感到委屈，还想不通。

把生活升华为学术，把学术翻译为实践

家庭教育有一个特点，就是延迟性。如果家庭教育不当，其带来的后果并不会马上暴发，比如在孩子 0~10 岁累积的问题很可能在孩子青春期集中暴发。家庭教育问题的隐蔽性和延迟性使得很多家长无法及时调整，等到问题发生的时候，已经非常严重了。在研究中，我看到很多可以被称为惨烈的家庭冲突的悲剧，很多时候孩子跟妈妈之间根本不交流，偶尔一次交流也都是以父母崩溃收场，孩子离家出走甚至自杀的情况也屡见不鲜。见了这么多悲剧，我深刻体会到，家庭教育如果没有正确的方法，那后果真的太严重了。而预防问题的发生，找到适合孩子的方法真的太重要了。

现代的父母已经意识到“做父母是需要学习的”，会看很多育儿文章。但是我发现，很多“专家”讲座都会有两种倾向：一种是在讲完现状有多糟糕后，强调“爱”“平等”“放手”等概念，可是这些概念到底是什么意思，如何更全面地认识这些概念已经没有版面或时间展开了；另一种倾向是告诉大家家庭教育中有关“术”的东西，比如直接就告诉你如果孩子拖拉怎么办，怎么培养孩子的某个学习习惯等，而对这些问题背后的深层次原因没有进行讨论。也就是说，这些理论

往往存在“头痛医头，脚痛医脚”的弊病，而对于背后到底是什么原因并没有做全面的分析。

同样是拖拉，背后可能有很多不同的原因，可能是孩子性格本身的问题，可能是孩子碰到了难题，可能是孩子的生活节奏跟家长的节奏不一样，也可能是孩子在用这种方式去对抗父母，等等。很多时候，家长仅仅是学了某个技巧，并没有跟进其背后更深一层的原因，从而导致处理完一个问题又出现一个新的问题，问题好像层出不穷，家长简直要崩溃。这也是为什么我想给大家全面剖析一下家庭教育理论，建立一个系统的家庭教育理念，并介绍其在实践中的具体运用。

此外，我发现目前在市面上流行的很多家庭教育理念，更多是偏向西方的理论，比如正面管教、PET 父母效能法、非暴力沟通等，这些理论和方法有其合理性和优势，但它们更多是基于西式教育环境和西方问题，用到中国来常常会走样，也会让很多年轻父母产生困惑。比如，自由是不是就等于放任？放任是不是就一定快乐？如何理解权责利？这些话题如果不放到中国语境中去理解，就很容易“橘生淮南则为橘，生于淮北则为枳”。

心理学强调人性，社会学强调关系，中国和西方在人性上很相似，但是在关系和文化上却相差极大，很多西方家庭关系的心理研究结论是否能直接运用，还需要看本土环境。因此，理论的本土化也是很重要的。

此外，中国目前比较严重的密集母职文化（后文会详细讨论）让6双眼睛都在关注孩子，使得孩子缺乏试错的机会和自然成长的空间，出现各种生理和心理问题；同时也使得照顾者，主要是母亲，长期处在焦虑、内疚和生气的状况中，既影响母亲的身心健康，也影响亲子关系。

作为一个长期研究家庭的学者，我想我可以做好这样一个桥梁：把学术翻译为实践，把那些靠谱的研究传播开来，讲清问题背后的来龙去脉，讲清各种研究的长处和局限，讲清方法背后的“道”和可操作性的“术”，也许这样能更好地帮助那些委屈的、想不通的、努力的父母。

所以在写这本书的时候，除了把理念和操作方法写清楚外，我特别希望结合自己多年来的社会学和心理学研究，做到以下三点。

第一，我并不是单纯从孩子的立场出发。我觉得在讲家庭教育的时候，一方面要考虑如何使孩子能更好地成长，另一方面也要充分考虑家长的现实。因为我自己是一个母亲，所以很清楚女性在养育孩子时会遇到什么问题，会有多么无助。简单要求女性做个完美妈妈正是女性焦虑和有压力的原因。所以，我希望同时兼顾家长跟孩子的利益，让妈妈变得更轻松、更快乐，只有父母变得更轻松、更快乐、心态更好，才能更好地帮到孩子。所以，要想孩子优秀，首先要帮助家长成长，让家长成长和享受亲子关系。

第二，希望能找到适合中国现状的育儿理论，把西方的理论、中国的研究和现实结合起来思考，做一套本土化的家庭教育方案。比如，相比于西方，我们不得不面对应试的问题，对于暴力问题的容忍不同，对于权利的理解也不同。今天，我们中国的家庭教育问题有现代教育的共性，也有其特殊性。因此，教育的本土化特别重要。优势累积家庭教育法正是本土化的一种努力。

第三，家庭教育的方法既要有“道”的高度，又要有“术”的落地性。今天的很多育儿教育太注重“术”，没有把背后的“道”理清楚。比如看到孩子做作业拖拉，以前家长会跟孩子说“你做作业不能拖拉，要再拖拉我就揍你”，学习了某些育儿理论后，家长转变态度，温和而坚定地说“宝宝，我们可不可以稍微加快点速度，妈妈在旁边提醒你”。但是，这两种方法其实都不能真正解决问题，因为我们其实还是在催促，还是在要求孩子做到我们要求的事情。即使家长态度变好了，也只是换汤不换药。这一现象背后有孩子的成长规律，有父母的角色定位等大问题没有被充分讨论和考虑。因此，优势累积教育法力图建立一个较为系统的教育体系。该体系既有理论阐述，帮大家理清家庭教育中“道”的逻辑，也有实践操作，让大家能够迅速上手。

家长常常说：道理我都懂，可就是不知道怎么做。但真实的情况可能是父母连这个道理都没有真正弄明白，因为还没有体会到切肤之痛，也没有真的改变认知，所以父母的理念和行为是不会改变的。

因此，在这本书中，我希望能把这个“道”讲透，能改变家长的认知，同时又给父母提供可操作的方法，从而真正提升父母的能力。这些操作性的方法，我们在过去的几年中，做了很多演练。通过近1 000个家庭的各种案例分析和咨询，我们在这本书中提出来的各种方案是非常具有可操作性的，能切实帮到家庭和孩子。

左手幸福，右手成功

优势累积教育法首先帮到的是我自己和我的家庭。

当把这些研究成果用在培养自己的孩子上时，我发现非常管用，而且用好的方法陪伴孩子不仅不累，还特别愉快。

比如，对于孩子要不要上学前班，很多父母都很纠结。很多父母认同孩子需要玩耍，不应该提前学习，但不上又担心孩子跟不上，学习落后。

中国教育科学研究院2014年在中国4个省对4万名父母和孩子（2万名父母亲，2万名孩子）做了一项调查，其中一个发现是：上过学前班跟没有上过学前班的孩子，没有多大区别，甚至在成绩优秀的小学生里面，没有上过学前班的比上过的要多10.89%；学习成绩比较差的孩子里面，上过学前班的比没有上过的多10.89%。因为过早学习使孩子对学习产生对立情绪，还没有进学校就恐惧学习了，也失去学习的兴趣。这个研究就把我的纠结消除了，学前班不仅对孩子的学习没有帮助，还可能有负作用（具体的负作用后面会具体展开论述）。

我的两个孩子都没有上学前班，就进了学校。果然，像另一些研究说的一样，如果进了一个比较好的小学，孩子在一二年级成绩没有优势，几乎都是从倒数开始爬起来的，但慢慢他们就上升了。

我做中美教育研究的时候，就发现国际上比较先进的国家都认为在早期应该给予孩子足够的探索和游戏的机会，让孩子发展出自己的能力，而不是进行知识或技巧的训练；孩子到一定年龄，比如12岁以上，学习技巧和对知识的理解能力就会大幅度提高，那个时候，孩子只要自己有兴趣就能突飞猛进。

但是，不上学前班，并不意味着家长什么都不做，家长在孩子能力的拓展和眼界的开拓方面还有很多工作要做；小学一年级成绩倒数并不意味着孩子的学习能力有问题，反倒是给了孩子很好的机会，让他自己探索如何找到适合自己的学习方法。在小学低年级阶段，我主要做的工作是：让孩子喜欢学校，不讨厌学习，逐渐学会和自己对话，找到自己的学习节奏和方法。这也是很多研究告诉家长的诀窍。

为了让孩子既不用上培训班又适应小学生活，我研发了一款家庭益智桌游“能量逗”。该桌游通过和孩子的互动游戏，激发孩子的能力成长，帮助孩子掌握幼小衔接所需要的知识和能力。我通过自己家庭的实践发现，真的存在一种既不破坏孩子的学习兴趣又能让孩子的能力得到成长的方法，做父母的还不辛苦。

我家的两个孩子虽然性格脾气迥然不同，好胜心也不同，但他们都成长得让我很满意。他们都热爱生活，愿意尝试各种挑战，能够承担责任，也都有自己解决问题的方法和能力。每天回到家，和孩子、丈夫一起说说一天的经历，我觉得非常愉快。我们各自完成自己要做的事情，第二天大家再精神抖擞地出门。我觉得家庭就是能量站，每个人都从中获得力量，继续努力。2017 年，我们家被评为“上海最美家庭”；2018 年，被评为“上海文明家庭”。我觉得这是对我们幸福的肯定。

在过去的 10 年里，我也帮助了几百个家庭走进幸福，虽然每个家庭都不同，每个孩子也不同，但孩子成长背后的规律有很多共性，这些共性应该让更多人知道。

成功和幸福其实一点也不矛盾，幸福的家庭并不是不发生矛盾，而是发生矛盾的时候能够有能力去解决；好孩子并不是不会犯错误，而是在犯了错误之后有反省的能力，知道去改正；好父母也不是必须要时刻正确，而是愿意改变自己来适应孩子的成长。

成功可能是某些人的人生目标，但幸福应该是所有人的人生底色。

我的人生目标就是“把生活升华为学术，把学术翻译为实践”。作为学者，我希望把生活背后的规律总结出来，变成学术成果；而作为一名公共知识分子，我希望把好的学术成果用通俗的语言表达出来，让更多人知道。在中国逐步进入小康社会后，每个家庭都可以是幸福的，每个孩子都应该有快乐成长的环境。但现实并不理想，逐年上升的离婚率和青少年抑郁、焦躁等症状，提醒我们科学的育儿理念还需要传播得更广，还需要有更落地的操作，这样才能让更多人一起幸福。

本书力图让家长和教育工作者们突破原来的思维困局，吸收有价值的教育规律，回到中国的教育现实和家庭现实中来，找到适合自己家庭的教育方法，让每个父母都有自己解决问题的能量和能力。

书名《做“对”懒爸妈 养出省心娃》有两层意思：第一，希望父母都能放下焦虑，不要管得太多，要给予孩子试错和成长的空间，只有这样孩子才能有自己成长的智慧；第二，要做“对”的懒爸妈，父母不是彻底不管，也不是真的懒惰，而是用智慧和同理心来陪伴孩子成长。如果父母用点心，孩子就会告诉你正确的育儿方向，这样才能父母轻松，孩子上进。

相信通过这本书，你能对家庭教育有新的认识，会发现做爸爸妈妈是件轻松又愉快，而且令人非常享受的事情，孩子也会因为你的学习而受益，你这一次的学习将是对孩子最好的投资。

让我们一起成功而幸福地生活着。

01

纠错教育的“坑”，你踩得有多深？

家庭教育最重要的是找准方向，在正确的地方用力；如果方向错了，那么父母越用力，问题就会越大，对孩子的伤害也越大。所以，这一章希望能帮父母理清家庭教育路上的那些坑，避免在错误的道路上狂奔。

你也是这样的“快点＋纠错”家长吗？

早上闹钟铃一响，我还没醒，我妈就说“快点起床了，你又要迟到了”；穿个衣服嫌我扣扣子方法不对；吃早饭，一定要让我吃完她准备好的所有早餐，然后嫌我慢，说早起十分钟就都解决了；拿起书包要走人，一定要让我检查一下有什么没带的，万一检查出来真有忘带的，赶快去拿，她又批评我丢三落四，不提醒什么都做不好，有时候就算忘了，我也不愿意去拿，免得被唠叨。

晚上，我妈一进门就问：“作业做完了吗？”不管作业有多少，只要没有做完，那一定是我在家玩游戏没有好好做作业，然后嫌我字写得不好看，发现我的错误又增加了；万一很幸运，作业做完了，我妈又说那为什么不预习一下？不复习一下？不自己再看看书？有时间为什么不练练琴？

总之，我妈最常说的话就是“快点快点”，最常做的事情就是挑我的错。

小任是一个10岁的男孩，上四年级，我是在一个工作坊里认识他的，他在形容他妈妈的“快点”和“纠错”特征的时候生动形象地表演了他妈妈的表情和动作，把大家都逗乐了。

我问小任妈妈：“真的是这样的吗？”

小任妈妈说：“没办法啊，如果你不催，他根本就不会动，拖拖拉拉，不知道什么时候才能从床上爬起来，不知道什么时候才能出门，不知道什么时候做完作业；如果你不给他挑错，他永远看不到自己的问题，计算错误一犯再犯，而且他还一点不在乎同样的错误反复发生。总是要你推一推，他才动一动，学习一点自觉性都没有。”

小任和他妈妈的互动绝对不是个案，我在研究亲子关系的过程中，发现这样“相爱相杀”的关系比比皆是。很多时候，父母会辩解：我不是要求孩子有多优秀，只是希望他能做到正常孩子能完成的任务而已。那么，父母心目中的正常孩子是什么样的呢？实际上孩子又是如何表现的呢？我们的研究做了一个从早到晚的记录。

早上，父母认为正常的孩子闹钟一响就会自觉起床，压根儿不会赖床；吃早饭也无须自己费心哄喂，孩子能很顺利地把早饭吃完；吃完饭后乖巧地和自己说声再见便开心地去上学。

但现实中，自家孩子在闹钟响起后，往往会赖床，有时候还伴有起床气，见此情形家长通常是耐着性子哄他起床穿衣；孩子慢慢吞吞地穿好衣服到了洗漱环节，又三两下地迅速解决刷牙问题，此时的家长只能再次压住怒火让孩子去吃早饭；而饭桌前的孩子，除了吃饭这事以外，一切东西都能吸引他的注意力，或者有的孩子明明前一天答应什么都吃，现在又万般挑剔；最后总算熬到了出门环节，孩子又开始抗拒出门上学……一般这个时候，忍耐了一早上的家长就完全爆发了。

到了学校，父母认为正常的孩子在课堂上能认真听讲，不开小差；课间休息能和同学讨论课堂上已学的知识，并且交流十分有礼貌；老师布置的作业也能按时完成，没有不会做的作业。

而现实中的自家孩子到了学校，上课注意力不集中是常事，临近中午下课，心思能飘到午饭上；有些调皮的男孩子在课间甚至会和同学拧成一团；而对于老师布置的作业，孩子总是记不全，作业也很少全对，不会做或根本不知道要做什么是常态。

下午回到家，父母认为正常的孩子能顺利完成学校布置的作业，正确率高，并能按规定时间自觉练习钢琴；如果睡前还有一点空闲时间，孩子会出于习惯看一会书，而且看的还是父母希望他看的书；最后到了睡觉时间，沾床就能睡着。

而现实中的自家孩子回到家，不仅作业没有完成，有时候连练习本都不知去向；练习钢琴孩子也总是因为太累或没兴趣而停下来，非要吼上几声，甚至武力威胁才能勉勉强强、拖拖拉拉地完成任务；若是家中有老人，孩子在老人的袒护下偷懒就更顺利了；最后到了睡觉时间，调皮鬼上身，又百般不愿入睡。

父母每天都在和孩子斗智斗勇，每天都在博弈和争吵中度过，所以，现在的父母感叹：孩子一上学，陪个作业，不仅血压升高，手掌也很容易拍断。

我们的研究发现，父母之所以如此焦虑和情绪不可控，很重要的原因就是父母心目中存在这样一个“正常的孩子”，自己的孩子和这个“正常的孩子”相比，处于很落后、很有问题的境地。所以，父母就焦虑、恐慌，想尽一切方法希望孩子走上“正常”的发展道路。

我在访谈中，常常反问家长：早上起床你会想要赖一会儿床吗？你早上有时候会有起床气不想吃饭吗？你在开会的时候，特别是开无聊的会时，会不会开小差？你回到家第一件事情是不是也很想瘫倒在沙发上休息一下？……大部分家长会很诚实地回答：是的。

我追问：那你觉得自己正常吗？

其实这些父母看不惯的行为，恰恰是非常正常的现象。尤其像回家作业不能全部做出来或做对，更是正常到不能再正常的现象。如果老师布置的作业，学生都会做，那就失去了做作业的价值。正是通过孩子作业做错，老师才知道还有哪些学生哪一部分内容没有掌握，这样老师才能在下一次课程中有重点地帮助孩子掌握知识，孩子也能知道自己需要在哪里努力。这是学习的正常过程。

找到孩子的问题，正确地指出来，并告知他们什么才是正确的方法当然是有用的，我们在后面会具体讨论如何找到问题，如何能切实地帮助孩子。可是，大部分的父母对孩子的纠错常常是在“想当然”的基础上，觉得孩子应该这么做，不照着自己说的做，就是错了。这些错误常常并不是孩子故意犯的，而是由于父母不了解孩子的成长，把孩子成长的正常过程看成问题而导致的。

当父母把孩子成长过程的每一步都看作不正常的，需要时时刻刻纠正，那么父母就变成了“快点 + 纠错”的父母。在这种关系的互动中，随着年龄增长，孩子会慢慢对父母关上心门，很多事情都不愿意和父母说，在父母最应该发挥影响力的青春期，他们不仅说不上话，而且连孩子到底在想些什么和做些什么都不知道，甚至在孩子青春期的时候，父母和孩子成了敌人，孩子专门做父母不喜欢的事情来挑战父母的权威。还有少部分孩子成了“妈宝男”“妈宝女”，没有主见，没有独立思考能力，大学毕业后的每一步发展依然需要父母操心安排，而且他们把这种成年后的依赖看作理所当然，看作爱的标志。

可怕的是，催促和纠错日复一日，虽然毫无效果，但是父母们依然坚持不懈。

如何打破这种循环？这是我一直以来做中国城市家庭教育研究的一个重点。对此，学术界的共识是：孩子的问题大部分都是父母的问题。要改变这种循环就要从父母改变认知开始。

父母总是觉得：因为孩子慢，所以我要催；因为孩子总是犯错不自知，所以我要帮助他找出错误来改正。其实这种因果关系错了，父母是因，孩子是果：因为父母不信任孩子，不给孩子试错和承担后果的机会，孩子才会失去自我纠正的能力；因为父母等不及总是想快点，孩子才无法自己走得很好；因为父母日常对孩子否定偏多，才导致孩子低自尊，失去自我成长的驱动力。

这个因果关系如果没有搞清，只是对孩子提一大堆要求，父母一点都不改变，那永远是事倍功半：亲子关系被破坏，孩子的成长动力和能力也被破坏。有些道理父母都懂，可是放到现实的具体环境和事情中，父母就忘了，“快点”变成了口头禅，纠错变成了习惯。

密集母职文化下的教育：棍棒还是讲道理？

我是一名 70 后，我们这一代人的父母几乎都没学过什么育儿理论，如果觉得孩子不好，可能会非常简单粗暴地胖揍一顿，或者大声呵斥“吃饭怎么能这么吃啊，给我好好吃饭”，然后孩子的各种问题或者小毛病就在父母的这种“权威”之下解决了。

现在，性格暴躁一点的父母，看到孩子屡教不改，棍棒拳头依然会上去，他们觉得拳头棍棒特别有效。对于这样的父母，我只能提醒：虽然有些时候，体罚的确会有效，但是，体罚给孩子传达的信息是“我现在对你已经没什么办法了，只能通过体力优势来控制你”。那么，当父母不再具有体力优势的时候，是准备和孩子对打呢，还是被孩子打一顿，或者完全放弃对孩子的影响？显然这几个结果都不是父母想要的。

好在越来越多的父母都已经意识到“打”并不是教育的好方法，虽然有时候还是会忍不住打孩子，但是打完以后自己会内疚，甚至会给孩子赔礼道歉，但这一点也不妨碍他们下次继续打孩子。

很多现在的年轻父母都因为自己曾经挨过父母的打，发现自己有好多问题，从而将其归结到自己的原生家庭带来的创伤，甚至觉得原生家庭让自己“习得性无助”。所以他们开始反思，不再用“纠错 + 棍棒”，而是换成了“纠错 + 讲道理”，结果发现孩子的问题依然很多。

我有一个性格温和的朋友，当她对我诉苦她和儿子的大战时，我一开始有些想不通，她这么温和的人，又看了那么多育儿书，孩子又才上小学四年级，正常来讲，这个年龄段的孩子还不会跟父母爆发太大的冲突。

于是，我们两家人就约着吃了顿饭。我们一坐下来吃饭，我就发现了我这位好朋友的问题所在。

从她儿子坐下来开始，我这位朋友就开始跟他讲“你要把餐布铺在自己桌子上，然后盖住你的大腿，这样能防止汤汁溅到你身上”；当孩子拿起筷子时，她说“筷子要往上拿一点点，不然你用着不方便”；当孩子拿起勺子时，她又说“你拿的时候要小心一点，不要敲桌子，也不要敲杯子，发出声音不礼貌”。在上菜的过程中，尽管她在跟我讲话，但依然会时时刻刻提醒孩子这，提醒孩子那，比如舀汤的时候要把碗靠近一些，吃饭的时候要细嚼慢咽等。

在整个饭局中，我这位朋友的确是没有批评孩子，也没有跟孩子提什么学习成绩，或者要求孩子要表现得怎么怎么好，都是在轻声细语地提醒孩子做每一件事情的要点。作为旁观者，我明显看到孩子其实已经很不耐烦了，也不太想说话了，所以当我去跟他说话的时候他也不太愿意理睬我。然后，我的朋友就对他说，对人要有礼貌，沈老师跟你说话，你就好好跟她聊一聊，有什么想法都可以跟沈老师说说，等等。

这时候，他孩子脾气很不好地说：“我觉得妈妈你很烦。”我朋友马上说：“怎么能这么跟妈妈说话呢！我怎么烦呢，我又没有怎么说你。”

听到这，我就跟我朋友说：“其实我也觉得你挺烦。”

我不知道大家看到这个场景，有没有似曾相识的感觉：这真的是在日常生活中经常发生的事。很多父母抱怨说，已经不要求孩子的学习成绩要很好，也没有要求他一定要取得什么成就，甚至在看过各种鸡汤文后，都已经接受自己的孩子平凡了，可是为什么孩子对自己还是各种不满意呢？

我们不妨仔细分析一下我那位朋友的教育方式。在短短的一次饭局中，她时时刻刻用各种各样温柔的方式去提醒孩子。虽然她觉得自己没有提什么过分的要求，方式也很温柔，但是我们都能感受到，这个妈妈对自己的孩子是不满的，一直在挑剔，一直在纠错，甚至在孩子还没有犯错误之前就提前纠错了。

这种“温柔纠错”的方式，是现在的父母很喜欢用的方式，80后父母尤其擅长。一方面，他们意识到了过去自己父母那种粗暴的方式不对，这是个巨大的进步；但是另一方面，在学习了各种育儿理论、看过很多鸡汤文后，他们开始用心平气和的方式告诉孩子怎么做事才是对的，比如拿筷子要往上面一点，吃饭要细嚼慢咽等。我把这种模式总结为“纠错＋讲道理”。

这种慢慢拿小刀砍人的方式虽然伤口看起来不大，但实际上特别伤人，让人很难忍受，有时候比被打一顿还让人烦，让人受伤。

我不是说打人更好，而是和以前相比，你会发现我们父母那一代虽然方法粗暴，但是采用的频率很低，因为他们很忙碌，没时间管我们，所以，我们有大把的自在时间，只有在真正犯错误的时候，才会挨一次打。

现在中国城市中产阶层父母的育儿特点，我们在学术上称为密集母职（intensive motherhood）或密集亲职（intensive parenting），这就变得很麻烦了。密集母职文化有三个特点：首先，家庭生活以孩子为中心，家庭中的成员都围着孩子转，都在关注孩子；其次，父母尤其是照顾者，与孩子荣辱与共，孩子做得好、学习好，就是父母的成功，反之是父母的失败；最后，父母觉得在孩子身上花再多的时间都是值得的，花得越多越好。我们将在第三章详细阐述这个概念，这里需要提醒大家的是，密集母职或亲职带来的问题是对孩子的关注度太高，这种关注远远超过了孩子的需要。

在过去的把孩子“拉扯大”的文化中，虽然父母教育方式粗暴（当然伤害也很大），但大部分父母没有那么多时间关注孩子，所以孩子可能会被忽略，但也同时避免了时时刻刻被纠错、批评。现在的密集母职文化加上生育孩子数量少，常常是有 6 双眼睛时时刻刻在关注孩子，而那个“正常孩子”的形象使得父母把纠错作为教育的主要方式，以为这样就能让孩子健康成长。殊不知，这种高频率的负面关注恰恰是孩子出现各种问题的原因，因为它严重干涉了孩子的自我发展。密集母职的荣辱与共文化也使得照顾者压力很大，不允许孩子去试错，当孩子表现不符合期望的时候，父母会觉得自己很失败，因此焦虑感就会急剧上升，这种焦虑又会转变为新一轮的纠错。

我并不是说不能纠错，而是“纠错 + 讲道理”的频率不能这么频繁，频繁到超过了孩子能承受的界限。

很多孩子都会抱怨父母唠叨，可是父母却觉得那只是好心的提醒，因为他们觉得孩子对有些事情会注意不到或做错，所以提前指出来，或者在孩子做事的过程中给孩子进行指导，还会在孩子犯错后给孩子总结原因。父母觉得这些都是帮助孩子成长必须要做的事情，但孩子总是不领情，听不进去，左耳进右耳出，甚至还会顶撞父母。10 岁的小任曾经这样跟我讲。

> 我并没有早上出门非要穿哪双鞋子的偏好。可当我出门，我妈让我穿某双鞋，然后抱怨我总是穿错衣服或鞋子的时候，我就特别想反抗。我觉得她就是在控制我的一切，想让我按照她的要求生活。这时候，我就算本来想要穿那双鞋，也不坚决不穿了。

10 岁的孩子，其实已经能敏锐地感觉到自己的自主意识了。不断的纠错和讲道理会让孩子感受到成人没有边界的控制，因此，无论你说什么，他第一个念头不是判断你讲的话对不对，而是要捍卫自己的自主权。

当然，讲道理已经比打孩子进步多了，我坚决反对体罚。但是，持续纠错和讲道理，当进行得极其频繁的时候，破坏力也是巨大的。这种持续纠错和讲道理的感觉就像凌迟，一点一点地用语言暴力把孩子打趴下。而这一点，很多父母并没有意识到，以为“温和而坚定”的纠错和讲道理就能让孩子健康成长，而从没有反思过背后的逻辑体系。

就像我的朋友，她很爱孩子，但是不接受孩子的各种行为。可是如果一个人的各种行为都不被接受，他怎么能感受到对方的爱呢？一个人时时刻刻受到各种打击，虽然打击他的人给他好吃的、好穿的，跟他和颜悦色地说话，但是他依然不愉快，最关键的是，他对自己会产生很大的怀疑，觉得自己就是这么糟糕。

父母的恐惧源头：多米诺骨牌逻辑

很多时候，父母不仅找不到真正的问题，还会把很小的问题看得非常严重。这种父母往往有一种“多米诺骨牌逻辑”：一个小问题不解决就会引起连锁反应，最后变成一个大问题。这种逻辑会使得一个很小的问题都让家长很恐惧，觉得一定要改变！

多米诺骨牌逻辑的典型例子是：上不了好的小学就上不了好的中学，上不了好的中学就考不上好的大学，考不上好的大学就找不到好的工作，找不到好的工作，人生就废了……这在学术上叫滑坡谬误，也就是说：上不了好的小学不一定上不了好的中学，两者之间不是必然关系。但是父母一旦相信这个逻辑，孩子就不能输在起跑线上了。小学的重要性就在于后面这样一条逻辑链条。

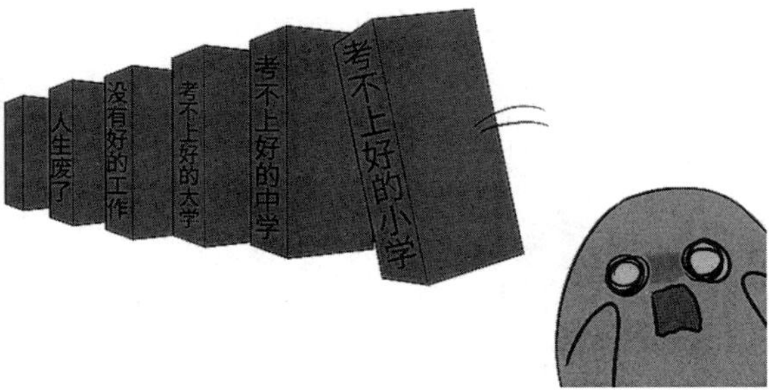

比如孩子出门没和认识的人打招呼，本来是一件很小的事情，不打招呼就不打招呼了，但是有多米诺骨牌逻辑的父母会这么思考：他如果现在不会和人打招呼，那以后就不会和别人打招呼，不会打招呼就不会交朋友，不会交朋友就不能和别人很好地交流，那么以后就很难建立自己的人脉，没有人脉以后工作就会很艰难，工作很艰难就不能成功，不能成功连老婆也娶不到……最后他的人生就废了。一连串的连锁反应，太可怕了！所以，不和人打招呼绝对不是一件小事。这时，父母忘了孩子的年龄和具体情况，总之，一定要改变孩子不和人打招呼的情况！因此各种讲道理、威胁、交换都开始了，这使得本来只是孩子在某一个年龄段的正常表现变成一个双方都很有压力的问题。最后，这成了严重的亲子冲突问题。

孩子回到家里不愿意马上做作业，那就休息一下再做好了。但是具有多米诺骨牌逻辑的父母会这么思考：回到家里不马上做作业，那就会到睡觉的时候才做，这样就会晚睡，睡眠不足，第二天可能会晚起迟到，上课也会没有精神，这样就会被老师批评，被老师批评就更不爱做作业，不爱做作业就成绩不好，成绩不好就上不了好的初中，上不了好的初中就考不上好的高中，考不上好的高中就考不上好的大学，考不上好的大学就找不到好的工作……他的人生就废了。所以，这些父母相信：一定要一回家就做作业，养成好的学习习惯是第一步，这步一定要走好，否则后面就废了。至于孩子的状态、想法、情绪，这些都被忽略了。

凡是具有多米诺骨牌逻辑的父母都会把每一件小事和一个未

来的严重后果联系起来，比如一个小朋友今天玩游戏很开心，那最后一定会网络成瘾；一个孩子今天橡皮掉了，那以后就会不爱惜东西，丢笔、橡皮、书包……铺张浪费，没有好的生活习惯，不在乎学习……他的人生就废了。所以，每个小小的错误都不能忍受，一定要纠正，一定要改变！父母的恐惧和焦虑是他们不断挑剔孩子背后的原因，如果认识不到多米诺骨牌逻辑的可笑，父母就不可能放轻松，就不可能接受孩子成长中本来就会有很多的小问题，不会接受这些小问题会随着孩子的成长而改掉，不会相信孩子自己会发现问题并去改变它们。再加上密集母职的荣辱与共文化，父母把每个小问题的改变都看作自己教育成功与否的关键，因此，纠错的力度层层加压，直到双方都筋疲力尽。

父母一直在纠错，一直在批评，甚至频繁到根本没有觉得自己在批评孩子，觉得那些“不要”“快点”都是正常的对话，完全意识不到问题。父母对于纠错已经习以为常，偶尔表扬一下孩子，就觉得自己是一个开明、经常肯定孩子的父母，但孩子却没有这样的感受。甚至在不断纠错几百遍没有效果的时候，父母也从来不好好去想想这些问题的背后是什么，也不问问自己是不是方法错了，是不是根本不是孩子的问题。

纠错有用吗？

丽丽妈妈看了很多育儿书，觉得强调孩子的学习成绩是有问题的，但是学习习惯特别重要，朋友圈里很多文章都在谈培养好的学习习惯，可以让孩子以后学习轻松成绩又好，而学习习惯中，早期又以写字姿势最重要。因此，从丽丽 4 岁开始，丽丽妈妈就陪伴孩子学写字，监督孩子坐姿端正，写字要横平竖直、端端正正。可是丽丽虽然看上去很聪明，写字却总是歪歪扭扭，而且坐姿也不端正。丽丽妈妈一开始总是和颜悦色地提醒，但时间长了也免不了气急攻心，发一下火。丽丽上学后，回家做作业就更糟糕了，写字桌成了母女俩的战场。

在很多父母眼里，写字是个非常简单的事情，横平竖直是最低要求，坐姿也应该保持端正，否则对视力和脊椎发展都不好。

而且，很多家长都有这样的错误逻辑：认为孩子既然能握笔、能画画了，自然而然也就能写字了。

但实际上，握笔写字是个复杂而精细的活，需要手腕部小肌肉的协调配合和力量，也需要手眼协调能力。与抓住蜡笔大幅度地活动涂鸦不同，写字需要较长时间握笔，姿势相对固定，还要精细控制笔尖走向，胳膊不能随意挥动，对孩子的身体素质要求很高。

很多孩子的肌肉力量不够，不能以标准的握笔姿势握好一支笔进行精细活动并坚持一段时间，可为了达到父母的要求，孩子在身体素质没有达到的情况下，不得不努力去做。这个时候，不同的孩子就会发展出不同的写字方式，以解决力量不足的问题。一般来说，主要有三种“变体”。

第一种是通过往下握，握住笔尖部位，来增加控制笔的能力。但这样握笔会挡住孩子的视线，所以孩子的头必然会偏到一边，并且离桌面很近。这种姿势显然对眼睛和脊椎都会造成不良影响。

第二种是让整个身体贴近手臂，通过上身力量的下压来增加手臂力量。这种方法产生的问题同样是使得眼睛离桌面太近。

第三种是打开手臂，让手臂和桌面的横轴线成 90° 角，这样写字的时候可以用到整个胳膊和臂膀的力量。

这些变体不是孩子深思熟虑的后果，而是孩子想要按照要求写好字，但是手腕力量又没有发展出来自然而然形成的一种“身体解决方法”。否则，孩子即使再累也达不到要求。

所以，孩子错误的握笔姿势、写字姿势和他们过早握笔有关。当孩子手腕力量还没有发展起来的时候就拿笔书写，极易形成错误的写字姿势。一个三四岁的孩子，由于手腕力量没有发展起来，为了做到写字横平竖直，不得不握笔往下或者把自己的身体往前倾，把右边的身体和肩膀向靠近手的方向下压，从而使得他的小臂肌肉和大臂肌肉紧张起来，这个时候孩子的手腕才会有力量。小朋友就是依靠这个力量去完成精细的一小横从起笔到停顿的，因为即使写这么简单的一个笔画也都是需要力量的。这个时候，妈妈会提醒孩子坐姿不对（因为坐姿不对会影响视力和脊柱发育），要求孩子做到眼睛离书本一尺，胸口离桌子一拳；孩子坐姿端正了，可是因为手腕没有力量，字又写得不好看，父母又再次纠正；孩子为了写好字，身体又前倾，父母又纠正……这就形成一个恶性循环。

在我们成年人眼里，写字很简单，只要把这个字写平就对了。可是孩子就是做不到，我们就很生气：告诉你写好字的诀窍很简单，把字写平就可以了，为什么你做不到？！甚至我们会跟孩子讲：我允许你玩游戏啊，只要你能控制好自己，玩一段时间停下来就可以，你为什么就做不到？是的，如果完全依靠他自己的能力，他的确是做不到的，可是用你的方式强迫他，他也做不到，那他怎么能够做到呢？很简单，让他有一个自己探索、慢慢感受的过程，这个过程比我们成人想象的要更长。而在这个过程中，如果父母很焦急地告诉他：我告诉了你一个正确的方式，你为什么不做？这对他来讲其实是没有意义的。

可是家长们并没有看到孩子手腕没有力量这个问题所在，总觉得就是孩子不够努力，认为自己不断地纠正孩子就能改正。最后的结果是，孩子非常讨厌写字，书桌成了噩梦的开始，他怎么可能喜欢学习呢？

不考虑孩子实际情况的纠错，其实是没有用的。在孩子手腕力量没有发展起来的时候，他们在坐姿端正的情况下即使做到写字横平竖直也坚持不了多久，你说一百遍都没有用，反而破坏了孩子的学习兴趣和自主性，也破坏了亲子关系。

所以，只要我们指出了孩子的错误，他们就能知道正确的方式吗？他们就能改正吗？答案是“不一定”。

要解决写字的问题，父母首先要锻炼孩子手腕的力量，创造机会让孩子多用自己的手腕来做事情或运动（比如做力所能及的家务），让孩子慢慢发展出掌控笔的力量。没有这个力量，孩子很难达到父母的要求。其次，可以让孩子写几分钟就休息一下，而不要让孩子写完才能休息，这样孩子才能完成任务。最后，在条件允许的情况下推迟孩子写字的年龄，让孩子多画画，练习手臂手腕的运用，有些国家的孩子到八九岁才开始练习写字。

回到我们之前提到的我和朋友一起吃饭的那个例子，我们知道了筷子握下面是不对的，那握在上面就一定对吗？如果用两个手指头握呢？那是不是又犯了另外一个错误呢？其实，有很多研究表明，就算你知道了错误的原因，也并不意味着你知道什么是正确的。

有的家长会说：我不仅指出他的错误了，还给了他一个很完整的解决方案，非常清楚地告诉他应该怎么做，按我说的一步一步做下去就能够成功的，而且事后也证明我是对的，可是我家孩子就是不听我的。我接触过一个青春期的孩子，他直接就跟他妈妈说：“我今天这么糟糕就是因为你，你每次都在要求我怎么怎么做。”妈妈也很委屈，就跟他说：“可是我每次都是对的呀！”孩子就说：“你是对的那又怎么样，你对了又不是我对了。”

这时候我们就发现，孩子非常敏锐地告诉你说，你对不等于他对。你讲得对跟他能不能做到，是两回事。

我曾去学游泳，觉得我的那个游泳老师很不怎么样。学游泳第一步是要练习在水里浮起来，我们都知道屏住呼吸在水里面很容易就能够浮起来。等到你屏住呼吸能在水里浮起来以后，第二步就是怎么能把头抬起来呼一口气，再划一划，这个转换很重要。但是这个时候，初学者往往会手忙脚乱，身体老是往下沉。这个时候，老师不断地跟我说的一句话就是：你要放松，这样你的身体就自然而然地浮起来了，你只要一用力就会往下沉。

老师讲得清楚吗？很清楚。

我做得到吗？做不到。

我就问老师：什么叫放松？老师说：放松就是你什么都不要想，把身体整个放空就轻松了。

我发现老师不断地在重复语义，而我依然不能掌握那个点。这个时候，我自己去探索，用各种方式去试，老师都很明确地指出了我的错误。至于正确的方式：就是放轻松！他跟我说：“我跟你讲了一百遍了，放松、放松，你怎么就放松不了呢？！”

是呀，你讲了一百遍放松、放松，可是我不知道什么叫放松，因为我没有这种感觉，所以体会不出来。

我的这个游泳老师实在不是个好老师，因为他让我对游泳这件事情都快绝望了，以至于我放弃了学游泳。老师能心平气和地鼓励我多练习，比他不断纠错又无法让我掌握诀窍好。

很多父母其实和我的游泳老师很像，他们关照孩子：上课专心听讲，不要开小差；考试不要粗心，要每道题都做对；和别人交往要大方，不要扭捏……这些道理讲得都很对，纠错也纠得很对，但是孩子依然不知道如何能专心，如何能细致，如何能大方……

父母常常觉得自己已经讲得很清楚了，而且还讲了一百遍，可孩子还是做不到，于是火就腾一下上来了，有时候心脏病都要犯了。而孩子被父母反复纠错加讲道理后，很容易形成一种认识：我比较差，大人和我说了那么多遍我都无法改正，说明我能力不行。

因此，如果家长一直是用“纠错＋讲道理”的方法，虽然改变了过去那种很粗暴的态度，但是孩子不见得认账。其实，他也不听你的，甚至到了一定程度，他的叛逆性会更强。在看了大量类似的案例之后，我就在反思，这个“纠错＋讲道理”的方法是不是有问题。

其实，家长特别擅长把孩子学习的乐趣变得无影无踪。不管是学习游泳，还是学习数学，我们总想批评孩子，由于批评得太过频繁，以至于我们根本没有注意到自己其实是在批评。所以，我们认为自己是在帮助孩子，但是各种研究都在告诉我们，这种批评对孩子没有什么作用，所以我们要让批评的声音安静下来。

催促和纠错的实质

有些读者可能会说：你看我也不打孩子，一直在鼓励孩子呀！是的，现在的父母已经有了很大的进步，改变了过去简单粗暴的方式，改用更温和的方式，从体罚变成了说教，这是一种方式上的进步。但是，催促和纠错依然是教育的主要内容，其本质没有改变：希望孩子成为我们——父母——心目中的好孩子！

家长们承认孩子的独特性，也承认孩子的道路应该自己走，但却坚信自己的认识水平远高于孩子，坚信孩子只有符合自己的要求，才能得到社会认可。如果孩子的行为或者想法和父母认为的不同，那一定是孩子走弯路了，一定要纠正过来。在这样的执念下，父母必然会做的事情就是在为孩子好的名义下，控制孩子的成长节奏和方向，而忘记了观察孩子、了解孩子，给予孩子自己试错的机会，给予孩子自己成长的空间。

有的父母认为孩子的学习成绩决定了能否上好的学校，决定了他未来的人生，因此，无论孩子的智力、能力和学习节奏如何，他们都会按照所谓正常的标准来要求自己的孩子。当孩子的成绩不理想的时候，父母不是反思孩子的成长困难和需求，而是不断催促和纠错，希望孩子以最快的速度回到父母认为正确的轨道上，孩子感受到的压力和孤独都被父母忽略了。

有的父母觉得学习成绩不重要，坚毅的品格或开朗的性格很重要，因此，如果孩子表现出不那么坚毅、不那么开朗的一面，父母就会很焦虑，会通过催促和纠错，希望孩子走到自己希望的轨道上。

所以，不断催促和纠错的实质是：控制，控制孩子的成长，让他们在家长认为最佳的道路上发展。只是有的父母会用比较简单粗暴的方式来控制，有的父母会用看上去比较开明的方式控制。

比如接受“平等民主”观念的父母经常会给孩子各种选择，问孩子：你想要吃苹果还是香蕉？孩子两选一我们会很开明地接受。如果孩子说：“都不要，我要吃冰激凌。”父母马上就会举出吃冰激凌的各种坏处，不允许孩子吃，一下就撕破了自己所谓平等民主的面孔。表面上，我们是给了孩子选择，但其实是让孩子挑一个我们给的选项，孩子的选择完全不能超越这个范围，这背后依然是控制。

一位复旦大学的学生给我写信说，他妈在他找对象的时候对他说：妈妈只要你幸福就可以了。后来，他找了一个同校的外地姑娘，他妈说其他都好商量，就是外地姑娘不行；接着，他找了一个上海的姑娘，比他大了五岁，他妈又说其他都行，但是大五岁不行；然后，他又找了一个比他小的，但是这个小姑娘只有中专学历，他妈说其他都好商量，但是学历太低了……总的来说，他妈妈的民主自由是这样的：当他和妈妈意见一致的时候，听他的；当他和妈妈意见有差异的时候，听妈妈的。

父母表面上是选择听取孩子的意见，但实际上只是换了一种专制的面具，多了几个相似选项而已。所以到了大学阶段，还有很多人觉得自己的人生掌握在家长手中，想要挣脱却又无能为力。所以，当我们家长和社会批评很多年轻人没有责任感和担当的时候，需要反思一下是不是家长应该承担责任？被他人控制的人生想要活出自己的精彩是非常困难的。有句话说：所有的爱都是为了在一起，只有父母的爱是为了分离。因为父母的爱的目的是让孩子将来能自己找到发展的道路，有能力以自己的方式向前进。如果父母希望孩子走父母认为的好的道路，以父母希望的方式前进，那么这种爱就不再是支持力量，而是一种控制。

有的父母之所以控制，是因为孩子的成长和自己的利益或面子紧密相关，孩子成绩不好，自己在家长会上都抬不起头来，和朋友聊天都觉得不好意思，面对别人家的“牛娃”，觉得自己做父母特别失败，这是密集母职的一个特点。因此，对这样的父母来说，孩子的每一个错误都是严重的自我利益受损，家长会忘记孩子自己也在承受错误的代价，会把自己的利益受损一并算到孩子头上，对孩子进行严厉的批评以避免下次再犯。

有的父母真的是太爱孩子，舍不得孩子受任何的苦，希望把所有的风险和苦难都挡在孩子成长的环境外，为了做到这一点，当然要严格控制孩子的成长环境和行为。这些家长相信所有的风险和错误都可以防范，可以做到像机器人那么精确。但是，他们可能忘了，孩子很多时候不得不自己撞南墙，只有这样下次看到南墙，他才能学会避开；孩子必须自己掉进坑里，下次看到坑，才能自己爬上来；孩子必须学会面对各种不喜欢他的人，才能在未来的陌生人社会中更好地发展。

还有的父母出于很奇怪的逻辑对孩子进行纠错，比如为了孩子将来不被别人指责，现在把他的问题都挑出来改了，这样就完成了自己的责任。比如为了防止老师不喜欢自己的孩子，父母努力纠正孩子的不良习惯和行为，从而让老师欣赏自己的孩子。这些父母忘了，其实相比老师不喜欢自己的感受，孩子更惧怕的是父母不喜欢自己，父母对孩子的否定比其他人的危害更大。

不管出于什么理由，当父母只看到所谓的“正确道路”，而看不到自己孩子的特点的时候，孩子就很容易生活在否定中，从而失去应有的勇气和信心。

“对错”是一定的吗？

我并不认为家长不能指出孩子的错误，不能催促，而是反对不反思的纠错。父母纠错和催促常常是出于自己认为的正确。比如明明是自己上班时间很紧张，又没有给孩子足够的起床时间，反而责备孩子拖拉。这样的情况一而再、再而三地在家庭中上演，听起来都是小事，但长期累积下来，就会产生一定的后果。

实际上，就算是正确的轨道，偏离了又怎样呢？慢慢绕个远路还能找回方向就可以啊！甚至也许条条道路通罗马，也许孩子自己找的轨道也挺好，虽不能通向罗马，但是通向上海也很好啊！

所以，父母其实需要经常反思：我一定是对的吗？对错本身是需要思考的。

我要讲讲我家“蜡烛包的故事”。每次当我坚持自己是对的时候，就会想到这个故事，从而问问自己：我一定是对的吗？

我婆婆曾经是农村的接生婆，在养育孩子方面很有经验。在我女儿出生后，她要给我女儿捆蜡烛包：就是用被单把孩子包裹起来。我当然不愿意，因为上海医生反对这样的做法，强调要给孩子更多的自由空间，只需要给孩子穿上衣服即可。婆媳在育儿方面意见不一致是最容易导致家庭矛盾的，因为我们做妈妈的会觉得自己的利益可以让步，但涉及孩子就有了正当性，坚决不可以让，而婆婆做了奶奶其实也是这么想的，这样矛盾因为大家都是为了第三方而更激烈。当然，因为我有老公的支持，女儿最终没有被裹蜡烛包，婆婆觉得自己的专业意见没被听取而伤心。

五年后，我儿子在全美排名第一的妇产医院出生。儿子出生后，医生教我把孩子用医院发的一块大布包裹起来。我一看，这不就是中国的蜡烛包吗！我就问：孩子不是需要自由地运动吗？医生解释孩子在子宫里是被紧紧包裹住的，换了环境孩子看似在自由挥舞小手，其实是因为不适应新的环境而在紧张地乱抓。所以，裹蜡烛包实际上是在模拟子宫环境，让出生后的孩子更有安全感。同时，孩子在惊悸的时候，手脚动作被束缚可以减少被惊醒的概率。美国医院经过实验发现，凡是裹蜡烛包的孩子会更平稳地度过出生后的前两周，减少不必要的哭闹，也能让妈妈更好地休息。

医生的这个解释马上说服了我，于是我儿子就裹了蜡烛包。

其实我后来发现，无论是否裹过蜡烛包，我的两个孩子都成长得很好。那些我们认为一定是对的原则很多时候是经不起推敲的，反而制造了很多的冲突。

三岁的小美每天都会流鼻血。她的奶奶发现她妈妈每天都要给孩子吃小黄鱼、鲳鱼，因为妈妈认为多吃鱼对孩子的脑部发育好。但奶奶的经验是如果孩子每天吃同样的东西，多了一定不好，但小美妈妈是不会听她的。于是，奶奶查找各种各样的书，在一本书里发现如果孩子吃太多这样的鱼类，确实会流鼻血，于是妈妈才让孩子停止吃这些东西，孩子也就不流鼻血了。

老人的经验很多时候有其合理性，但他们没法用科学证据来证明。这个奶奶用书本说服了儿媳，但在现实生活中，并不是每个人都像这位奶奶一样有科学探索精神，经常不假思索地认为自己就是正确的，出现问题的时候，一定是别人有问题，造成了不少矛盾和问题。

这种认为自己一定是正确的现象比比皆是。比如大人说话，孩子喜欢插嘴。很多父母会觉得这是一个糟糕的习惯而坚决制止。但实际上，这是孩子希望参与到日常生活中来，渴望能和父母一起平等讨论事情，也是他们对自己以外的世界感兴趣的表现。但是因为父母坚定地认为大人说话孩子插嘴是不礼貌的行为，认为孩子管好自己就行了，除此之外没有能力和权利去管别的，就会压制孩子参与外部世界的兴趣，也剥夺了孩子平等对话的权利。

社会学认为我们现在已经进入到“后喻文化”社会，也就是说：农业社会是“前喻文化”社会，晚辈向长辈学习，老人的经验非常管用，具有权威性；工业社会是“中喻文化”社会，年轻人和老人的知识都有一定的用处，学习更多地发生在平辈中；而智能时代是“后喻文化”社会，老人的经验和知识不一定管用，反倒是年轻人的知识和技能引领社会发展，长辈不得不向晚辈学习，因此，整个社会年纪大的人不得不向年轻人学习。在这个意义上，当父母一直认为自己是正确的，希望能把自己的经验传授给孩子的时候，很可能反倒影响了孩子的进步与发展。因为在后喻文化社会，我们做父母的才应该向子女学习，即使他们只是十几岁的少年，但由于他们是数码时代的原住民，他们成长的环境是我们当年不熟悉的。

所以，孩子喜欢玩游戏不见得一定是坏事，这也是他们成长的一个方面（当然，前提是在用眼健康的情况下）；孩子喜欢一心多用，不一定是不专心的表现，可能是这个时代就需要这样的人才；孩子具有更强烈的平等意识不一定是叛逆，因为平等是未来社会的通用法则。

当意识到自己不一定是正确的时候，我们才有可能放弃纠错和催促，学会弯下腰或蹲下来倾听孩子的心声，从而找到共同解决问题的方法。

“催促 + 纠错”的后果

亲子关系本来应该是快乐和谐的，孩子本来就具有自我成长的能力。在过去的漫长岁月中，家长对儿童的关注其实并不多，儿童成为家庭的生活中心在中国的历史其实只有三四十年而已，在没有那么多关注的年代，孩子们也都成长得很好，并没有我们想的那么多问题。

而不经思考的催促和纠错却非常有可能破坏孩子原来的成长轨迹，破坏孩子自己的成长动力，更会破坏亲子关系。

首先，催促和纠错思维常常把没问题变成有问题。孩子偶尔一两次尿床，本来是成长过程中非常正常的失误，但是，由于家长看到一次问题就非常紧张，想着一定要及时纠正过来，就会不断询问孩子为什么会尿床，甚至重新调整作息，使得孩子的压力反倒增加，进而引起更频繁的尿床。当父母不断因为孩子的尿床问题而焦虑，给孩子贴上容易尿床的标签时，孩子自己也内化了“我是个尿床的孩子”，尿床就真的成了一个很难解决的问题。孩子偶尔一两次数学没有考好，就担心孩子没有数学天赋，不断纠正孩子作业的每个错误，催促孩子更努力地预习复习，反倒会使得孩子对数学学习望而生畏。催促和纠错的思维会压缩孩子自己探索和不断试错的空间，从而影响孩子发展。

其次，不经思考的催促和纠错常常会使得真正的错误得不到重视，流于空泛的讲道理。比如我们上文提到的孩子学习习惯的问题，家长不断纠正孩子的坐姿和写字好坏，忽略了孩子手腕力量的不足，不仅无法达到原来的目标，还会让孩子不喜欢写字。在儿童早期成长中，手腕的力量、身体的素质其实和学习能力紧密相关，如果父母没有把孩子看成一个有自然发展轨迹的独立个体，而是把他与标准体对比，和所谓的“正常孩子”相比，一旦发现不符合的地方，就会马上想到纠正或加速成长。纠正的方法必然是头痛医头、脚痛医脚，哪里不符合就改哪里，而这些表征特点很可能根本不是问题，只是孩子成长过程中的自然表现，背后真正的问题反而被掩盖了。

孩子发烧了，父母一般都会去寻找发烧背后的原因，到底是细菌导致的还是病毒导致的，而不会只是想着降温（当然，对于大部分的发烧，孩子都有自愈的能力）。同样，孩子出现行为上的问题，背后往往也会有“细菌”或“病毒”作怪，因此只关注表面问题常常会使得真正的问题被忽视。

在有关学习力的研究中，专家们发现孩子的学习成绩不仅和学习兴趣、学习习惯有关，与其整体身体素质有更紧密的联系，所以，增加体育活动、多晒太阳等对孩子学习成绩的帮助可能比多刷题有更深远的意义。但是，这些方面却常常被忽视。

纠错产生的第二个后果是不仔细思考问题背后的原因，大部分的纠错不仅没有用，反而会造成伤害。这样做产生的第三个后果就是孩子认同父母或老师给自己贴的负面标签，其归属感受到伤害。

父母或简单粗暴或苦头婆心地不断给孩子纠正错误的时候，给孩子传达了一个很重要的信息：你很糟糕，我帮助你那么多，你还是做不好。虽然很多事情在成人眼里很简单（比如字写好，专注力提高，不粗心），但是对孩子来说，他做不到，尤其当他努力过，却还是不能很快达到父母的要求，这个时候就会产生深深的无力感，觉得自己很差，没有能力做好。

尤其有的父母还喜欢给孩子贴负面标签，比如好动、注意力不集中、喜欢偷懒、胆子小、喜欢打人……说得多了，孩子就会信以为真，把这些标签内化为对自己的认识。一旦孩子也认为自己就是注意力不集中，那他就很难跳出这个框架找到方法，因为只要第一次尝试失败，他就没有信心再坚持了。但实际上，任何成长都需要反复试错、多次尝试。

我针对小学高年级和初中的学生举办了一个“逻辑思维与学习方法训练营”活动，把自我认同、社交能力、批判性思维、学习方法、社会调查和社会实践结合在一起给他们上课。每次课一开始都是让他们做一个自我介绍，但每次的自我介绍是不同的。有一次，我让学生以比喻的方式做自我介绍，结果很多孩子用的比喻都是“爸爸妈妈说我像……”。其中一个孩子说：“爸爸妈妈说我就像一个饭桶，除了吃什么都不会。”我追问：“那你也觉得自己是饭桶吗？”他想了想说：“是的，没有别的可以比喻了。”

第一次课程结束的时候，这个孩子说，他觉得自己不像饭桶了，因为他发现了自己在建筑设计方面的长处，觉得自己像透视镜了。

父母是孩子最信任的人，所以，即使不同意父母的说法，时间长了也会从产生自我怀疑到最后内化了父母的说法形成自我认同。无论他表现出愤怒还是沉默，父母的语言对他来说一定会产生严重的威力。

这种负面标签贴多了，最严重的问题就是造成孩子归属感的缺失。归属感是孩子对自己的认识：我是谁？我能做什么？我对世界有什么意义？当孩子不断被挑剔、不断被打压的时候，他会发现自己什么都不是，什么都做不了，对这个世界是没有意义的。当没有了归属感，他面对这个世界会有很多的错误反应和处理，甚至自暴自弃。他会缺乏学习的动力，甚至缺乏生活的动力。网络成瘾、厌学、抑郁症等背后都有共同的归属感缺失的问题。（我会在第二章详细分析归属感的问题。）

这种纠错式教育的第四个负面作用是导致亲子关系的恶化。父母的纠错教育在孩子的学习上表现得特别明显。当指导孩子学习的时候，家长总是不断地挑错，而且他们对于孩子的学习也最为焦虑，催促也会更多。因此，在孩子上学后，亲子关系恶化特别快。很多父母对这句话深有感触：“不谈学习，欢声笑语；一谈学习，鸡飞狗跳；快乐就是，出门旅行；学习就是，刻苦努力。”

父母的每一次纠错和催促都是“为你好”，出发点都是为了孩子成长，也是爱的表现，但问题是，孩子非常难理解“我很爱你，但是不能接受你的行为和情绪”这样一种逻辑。

一个人感受到爱的前提是被尊重、信任和理解，但是“纠错＋催促”的模式常常带着成人的傲慢，带着成人自以为是的永远正确。“我爱你”意味着“我要对你负责，你要听我的，按照我说的做”。这种模式和尊重、信任、理解往往相悖，爱的基础没有了，孩子也就很难感受到爱。

其实爱一个人，前提是尊重其个体独立性，孩子和父母是不同的，有权利以自己的方式度过自己的人生；要相信孩子的能力，每个个体都有犯错的权利，也有成长的权利，当父母以爱的名义挑剔孩子的时候，希望孩子的成长过程一帆风顺的时候，也剥夺了孩子自我成长的权利；要理解孩子所处的境遇，只是告诉孩子"我不接受你的行为和情绪，这是我爱的逻辑"是很难的，因为这恰恰不是成熟的爱。

成熟的爱是权责利明确的，我会告诉你我对这件事情的看法，你自己选择之后的做法，并承担这些做法的后果。尤其在情绪方面，情绪无所谓好坏，孩子的伤心、沮丧、愤怒、害怕，父母都应该接受，而不是非要按照父母的想法来改变。

"无条件接纳"不是说孩子做的每件事我们都认同，当然不是这样的，父母应该有自己的是非观并传递给孩子。"无条件接纳"强调孩子的情绪父母都能接纳，孩子的行为方式如果他们自己能承受后果，那么父母也可以接纳孩子的尝试，当孩子希望改变或需要指导的时候，父母要让孩子确信我就在你身边。我愿意用自己的行为（而非语言）引导他们走光明的道路。

用行为而非语言，可以把纠错降到很低的比例。比如希望孩子一回家就做作业，单纯的语言挑剔没什么用，家长可以尝试自己一回家就先总结一下当天的工作情况，这样会引导孩子一回家就写作业。如果家长自己做不到，可以反思一下提出要求的合理性。如果希望孩子多看书，那么在家里，父母也不要看电视、看手机，多抽出时间看书，孩子也会耳闻目染。但现实情况经常是，父母自己做不到却要求孩子做到。孩子没有立刻达到父母的要求，父母就不断催促和纠错。长此以往，亲子关系的和谐就被耗尽了。

为什么我提倡优势累积教育法？

正是因为在现代社会中，在中国的强化性育儿文化中，纠错和催促导致了很多育儿和亲子关系的问题，因此，我要介绍一种优势累积法来帮助孩子成长，减轻父母焦虑，让家庭关系更和谐。

把“优势累积”这个概念用到家庭中，我是受了美国社会学家罗伯特·默顿（R.Merton）的启发。默顿在解释历史上为什么一个群体会优于另一个群体，最后形成支配性地位的时候，借用了“自我实现预言”——如果人们把某个情境当作真实的，那么其结果将成为真实的——来解释观念是如何影响人们的行为和结果，最后形成群体间的不平等的。简单来说，就是某个群体觉得自己很强，于是以自己很强的方式运作，结果就真的很强了。实际上，这个群体是不是一开始就很强是非常值得怀疑的，是需要反思的。但是，一旦某个群体认为自己很强，另一个群体认为自己很弱，那么强者往往开始一点点累积优势，最后获得了压倒性的胜利。

这个逻辑其实同样可以用在个体身上。当父母不断纠错催促，让孩子觉得自己很弱，那么孩子很可能认为父母指出的问题是真的，结果孩子真的越来越弱；但反之，如果父母尽量让孩子觉得自己很厉害，即使一开始有夸张的成分，只要孩子把这种鼓励看作真实的，那么很可能会自我实现，其结果是孩子也会变得很强。

所以，优势累积教育法的核心是改变过去父母以纠错方式让孩子成长的逻辑，少关注问题，多关注目标，努力让孩子体验成就感，积累成功经验，找到自我激励机制，最后“自我实现预言”。

这种优势累积并不是凭空构造一个情境，而是要建立在了解孩子已有的特质的基础上，根据孩子的特点来逐渐建构一个积极的、肯定孩子特点的发展情境。为了做到这一点，优势累积教育法要建立在三个基础之上。

第一，了解自己孩子的特点和成长逻辑，学会和孩子共情。每个孩子的特点都是不同的，不同年龄的孩子其行为逻辑也不同，在第三章我将详细解释孩子发展的一般轨迹和如何了解自己孩子的独特性。孩子的本我、自我、超我如何发展？孩子的成长动力来自哪里？孩子在不同年龄段的需求是什么？我们综合当今经典和前沿的研究，对这些问题做了详细解释。同时，我也给父母们提供了观察量表，让他们学会不带评价地观察孩子，找到孩子的需求和问题背后的原因。

第二，父母需要理清自己的目标，包括教育的战略性目标和现实性目标；父母也需要了解自己是如何影响孩子的，反思自己的解释风格，从而更深刻地认识何为“言传身教”；最后，父母需要确定自己在孩子不同年龄阶段的角色，定好自己的教育原则，做到责权利一致。

第三，懂得欣赏，创造奇迹。家庭关系中，最难处理的就是各家庭成员的差异，由于家人利益捆绑，因此由差异导致的冲突特别严重。理解孩子只有特点、没有优缺点将极大地帮助父母正确认识孩子、自己和家人，真正做到悦纳自己、成就孩子。

在这三个基础上，我提供了四种方法来实现优势累积。

第一种方法是：给你一朵小红花，用正面标签让孩子体验成就感，激发孩子天赋。贴正面标签和简单的表扬不同，它是对正确的可复制的行为进行肯定。如何理解可复制？如何肯定？什么样的场景最适合对孩子进行肯定？肯定的意义是什么？这些问题我都将在第四章一一道来。

第二种方法是：送给你一瓶魔法水，消除你 80% 的烦恼。家长天天盯着的问题绝大多数都意义不大，或者是孩子成长中的自然过程，无须烦恼。我将提供一些“丢弃维度”，帮助大家梳理问题；同时提供自然后果和逻辑后果两种模式，指明什么不用管、什么一定要管，既要让孩子自由成长，又不能让他成为熊孩子。

第三种方法是：给你一个小拐杖，用技能法解决剩下 20% 的问题。当孩子遇到问题的时候，不要聚焦在问题怎么解决，而要聚焦在目标上，讨论如果孩子掌握了哪个技能，就能达到目标，从而解决问题。技能法也是父母帮助孩子搭台阶的方式，父母的台阶搭得好，不仅能帮助孩子解决问题，还能让他觉得自己很厉害，又靠自己的努力前进了一步。

第四种方法是：给你一根能量棒，用游戏化让家庭成为快乐源泉，成为温暖的所在。游戏化不仅能让孩子有成长的能力，也能提高孩子的学习力，更重要的是激发孩子的内驱力，从而让学习不再是孩子和父母的对抗领域。游戏化的另一个功能就是让家庭充满欢笑，让大家愿意在一起。

家庭中的问题绝大部分都能通过优势累积教育法来解决，爱需要学习，幸福需要练习，我希望父母能做到真实、放松，享受轻松的亲子关系，同时孩子还能成长得非常健康。

优势累积教育法的口号是“密切关注、谨慎出手、优势累积、快乐为首”，目标是让孩子和家庭能左手幸福、右手成功，鱼和熊掌都能兼得。

本章重点

目前，教育中最大的问题之一是“纠错教育”。因为父母脑海中总有一个“别人家的孩子”或者一个所谓的“正常孩子”，所以看孩子的眼光总是挑剔的。父母还常常坚信可以为孩子提前设计好一条正确的道路，只要孩子照着自己设计的道路走，就会很顺利。父母还有像多米诺骨牌效应一样的恐惧感，会想象小问题能引发严重的后果，所以认为必须把任何一个错误都扼杀在摇篮里。在这样的认知支配下，父母的教育方式就变成“纠错 + 讲道理”，如果讲道理没有用的话，就用惩罚来替代。

但是，研究发现，纠错常常没有用，知道错误并不一定知道该如何改正。很多时候，什么是对的、什么是错的，常常并不那么清晰。而父母不断纠错的实质是希望能控制孩子的成长轨迹，让孩子按照自己的想法来生活和学习，觉得这样就能保证孩子健康和快乐地成长。但实际情况却是：纠错教育不仅不能解决问题，还严重破坏了亲子关系，使得孩子和父母都生活得很辛苦，严重的甚至让孩子和整个家庭都出现问题。

要改变这种纠错教育的倾向，我提倡优势累积教育法，改变过去父母以纠错方式让孩子成长的逻辑，让父母少关注问题，多关注目标，努力让孩子体验成就感，积累成功经验，找到自我激励机制，最后“自我实现预言”。这种方法也能有效改善亲子关系，让亲子关系更和谐。

小贴士

在每次想教育孩子之前，先问问自己：用损害亲子关系的方式教育孩子，值得吗？

02

透视镜：

孩子为什么这样做？

我们并不是做全人类的父母，而只是做某一个或某几个孩子的父母，做好他们喜欢的父母就足矣。孩子有自己的个性和特点，也有成长的共性。希望这一章能在帮父母了解孩子成长共性的同时，让父母学会观察自己孩子的特点和行为需求，能更加轻松地做父母。

孩子是一张白纸吗？

人们常常把孩子比喻为一张白纸，父母引导孩子在上面绘制美丽的蓝图。这种比喻其实忽视了每个孩子一出生就具有的独特性：父母基因的不同组合、家庭在短期无法改变的环境都让白纸已经有了自己一定的形状，并不是父母拥有美好的理想、到位的教育理念和高超的育儿技巧就能把孩子塑造成自己心中理想的样子。

蒙台梭利认为孩子的发展要经过一个叫“实体化”的过程，虽然她自己也承认描述清楚“实体化”很难，但强调每个孩子一出生就有其自主性，有其自身独特的部分，有其充实自己的逻辑体系。

我有两个孩子，虽然有同样的父母，处于同样的家庭环境，但是他们的性格、兴趣和成长节奏完全不同，尤其是在他们小的时候，这种差异更为明显。比如参加一场婚礼，我女儿永远不喜欢到台上去跟人家互动，就喜欢旁观，旁观也让她很开心；而我儿子永远是想尽一切办法，第一个冲上台，并且要拿到奖励。考试成绩出来后，女儿总是看到比自己考得好的人，而儿子永远只看到比自己考得差的人。我发现，无论我如何鼓励女儿，也很难改变她不喜欢“抛头露面”的特质；而我无论如何引导，也很难让儿子关注到成绩好的同学。因为知道孩子有其独特性，所以，我很快就放弃了引导他们的努力，尊重女儿不想上台的特点，也接纳儿子不和成绩好的同学比的特点。有意思的是，随着年龄的增长，他们其实都会有所改变，女儿偶尔也会主动上台，儿子偶尔也会和我讨论如何能追上成绩排在前面的同学。生命的成长总是那么奇妙，同一对父母生出完全不同的孩子，每一个孩子都那么可贵和精彩！

蒙台梭利强调“实体化”的概念，并不是说孩子一出生就已经决定了他未来的命运，而是反对把孩子看作一张白纸。因为一旦把孩子看作白纸，孩子就成了成人创造的作品，那么成人就会以自己的标准和视角去判断孩子的好坏，最终引发自己与孩子之间的种种矛盾和冲突。蒙台梭利认为，即使父母非常爱孩子，对孩子充满了激情，也有很多的牺牲精神，但是如果信奉是父母塑造了孩子的一切，那教育的出发点就会压抑儿童个性的发展。家长真正要做的是先去观察、了解、理解自己的孩子，而不是急急忙忙按照自己的标准或者所谓的“科学”去塑造孩子。

这一点其实被很多人忽视。即使很多人意识到孩子是独特的个体，他们的价值观也会以非常堂而皇之的方式让他们去打造一个自己心目中的理想孩子。比如：有些父母觉得自己必须严格要求，孩子才能优秀；但是另外一些父母觉得自己对孩子应该宽容，最重要的是培养孩子好的教养。其实，这两种差异的背后是同一种逻辑：无论是优秀还是教养都是成人界定好的，孩子不符合要求就要去改变他。这种误区不仅存在于我们普通的家长身上，在很多所谓的育儿专家身上也同样存在。比如有的专家告诫父母不要觉得第一很好，那个在路边鼓掌的孩子才是最优秀的。可是，有的孩子就是希望能在舞台上展示自己，你凭什么让他在路边鼓掌呢？我们讥笑 30 年前的母亲把孩子照顾得衣来伸手、饭来张口，于是特别赞赏那些让孩子做家务活的父母，却忽视了有些孩子特别不喜欢做家务的理由。所以，这些父母都是把孩子看作自己的作品，以自己的理想去塑造孩子，而没有看到真正的自己的孩子。

这里，我不是强调父母不要对孩子做任何引导，而是强调父母应该用好奇的、不带价值观的眼光去观察自己的孩子，用倾听的心态去理解孩子。因为孩子和成人不一样，他不是成人的微小版或幼稚版，也不是成人的不完善版，他有自己的独特逻辑。每个孩子都有自己的特性，有的孩子喜欢在路边鼓掌，那么父母支持并引导他这样做就是对的，但是有的孩子不喜欢在路边鼓掌，那么往这方面引导就有问题了。父母要做好的第一步应该是先观察一下自己的孩子，他的确也是那种喜欢在路边鼓掌的孩子吗？还是他其实也希望走上舞台，只是因为胆子小而不敢？

父母只有放下自己的傲慢，放下自己是孩子成长的总规划师这个身份，才能真正做到了解和接纳孩子；放弃自己总是正确的想法，才能听到和看到孩子的真实状况；放下成人的逻辑思维，才能真正理解孩子的逻辑思维。

儿童和成人是不同体系的生物

事实上，成人跟儿童有时候处于两个完全不同的世界，各自的逻辑是完全不一样的。儿童有自己的心理发展轨迹，也有自己的一套逻辑体系。父母想要和孩子相处愉快并帮助孩子成长，就需要首先去了解孩子在不同年龄的成长特征。

首先，孩子最简单的吃喝拉撒睡都和成人理解的不同。以睡眠为例，蒙台梭利说儿童有这样的权利：他疲惫的时候、想去睡觉的时候就去睡觉，睡够了就起来。所以，在这一点上比较好的方法是，给儿童准备一个床，让它贴着地板，这样孩子想睡就睡，想起来就起来，孩子可以摸索自己睡觉的规律。可是，我们成年人却不是这么想的。尤其是这几年来，有些非常糟糕的、错误的所谓“育儿理念”影响了很多父母。比如有的“科学育儿”认为孩子最好每隔 4 个小时吃奶，于是孩子还睡得好好的，父母就觉得吃奶的时间到了，就把他弄醒让他吃奶，这个时候你会发现，孩子经常吃得很不好、会哭闹，可是这些父母觉得这是科学育儿啊！在这个过程中，父母也把自己搞得很痛苦。其实在孩子婴儿时期，父母不要跟他睡不睡觉做斗争，跟随孩子的节奏，给他创造安全的环境就可以了。

再比如走路，蒙台梭利说成人的行走是有目的地的，比如带孩子去游乐园，那目的地就是游乐园。但对刚学会走路的孩子来说，他的目的是完善自己行走的功能。也就是说，他所有的目标就是走路这个事情本身，至于到达哪个地方，对他来说是无所谓的。在去游乐园的路上和游乐园里走，其实是一样的。

还比如动手和动脑，孩子总是喜欢用手去拿每个他能够到的东西，这个伸手拿东西的动作对孩子来讲是个非常重要的举动，这代表他的自我要进入世界，去跟世界发生关系。但是成人看到孩子去拿那些毫无价值的东西，或碰一些很容易碎的东西，就会很紧张。“哇！你不要碰这个东西。”“哇！你会伤到自己的。”所以，我们又打断了孩子对外部世界的探索。如果不允许孩子碰某些东西，就不要把它们放在孩子能够得到的地方，父母要通过改变环境来适应孩子的成长，而不是剥夺孩子去碰东西的机会。

孩子与成人的另一个重大的不同是，做任何一件事情，二者的目的总是不同的。当我们成人建立目标行动的时候，有条法则叫最大效益法则，也就是说成人的目的是怎么能够以最小的付出得到最大的收益。可是，儿童并没有这种目的，他的目的是事件本身。

有一天，爸爸妈妈带三岁的囡囡去公园里看金鱼展。囡囡一进公园看到金鱼就很喜欢，尤其是走到第五个鱼缸的时候，一下子被里面的金鱼迷住了，盯着看了很久都不肯离开。但是，爸爸妈妈觉得既然要看金鱼展，那就要一个一个鱼缸看过去，后面还有更好看的金鱼啊，于是就开始催促孩子，因为成人看金鱼展的目的是看完所有的金鱼。但是，从孩子的角度来说，他就是来看金鱼的，至于看多少种他并不在乎。而且从学习的角度来讲，孩子盯着一个金鱼缸，仔仔细细地看里面的鱼，这种习得方式要比他在整个金鱼展上兜上一圈的效果好得多。

所以，如果爸爸妈妈的目的是让孩子来看金鱼、来学习成长的话，这个时候，家长就应该安静地待在他旁边，如果孩子有问题问你，你就回答，而不要催着孩子走，孩子能看多少就看多少，并不一定要全部看完。但是成人总觉得如果一个展览有三个馆，那每个馆都应该分配 1/3 的时间，因为你不知道后面是不是更好看。但对孩子来说，看完其实没有意义，看到才是重要的。

成人如果总是按照自己的逻辑体系去看待孩子，就会给孩子造成压力和阻碍，而这些压力和阻碍会使得孩子不能很好地正常发展。蒙台梭利举了一个非常有意思的例子，她说如果我们跟一个下肢瘫痪的人一起走路，他拄着拐杖走得很慢，我们要跟着他走路，就会觉得很痛苦。实际上孩子也是这样的，孩子要跟上成人的节奏也是非常辛苦的。有一天，一位朋友向我请教她最近遇到的问题：

昨天晚上，我对儿子（上五年级）说只要把新概念那篇文章背到 45 秒以内，就可以继续看《唐人街探案 2》，他不高兴地同意了。

后来，他在房间里背了 10 遍之后，说："妈妈，我只能背到 53 秒，达不到 45 秒，我做不到更好了。"我说："你再多背几遍，不就做到了吗？别人能做到的事情，你肯定也能做到。"

儿子开始哭了，他说别人有天赋，他没有。就像踢球，梅西有天赋，他怎么能和梅西比。他已经做得很努力了，不想继续了，这样太痛苦。他开始哭闹。

于是，我耐心地听他背了一遍，发现他在追求速度的路上，有漏背、错背的现象。于是，我要求他首先改正错误。

他又说：“你要求这么高，我只好错下去，连改的时间也没有。”

我只好再和他强调，背书时准确性是第一位的，速度是第二位的。两者都是衡量标准。

最后，我和儿子终于达成和解，他认认真真再背三遍，把最好的一遍传给老师。

等儿子背完英语，我告诉他：“妈妈不希望你以后遇到问题就哭，闹情绪。你对我的要求有不同的意见，可以提出你的方案或看法，我们可以谈。”然后，我又告诉他：“努力后背的课文的确比原来好了吧！你可以做得更好的，要对自己有信心。”真希望儿子能听进去我的话。

读者一定感觉到了这个孩子的绝望和无助。但是，我的朋友认为自己做得很对，她询问我的问题是：用什么样的方式说话，孩子会更愿意听？

我回答这位朋友：“不管你用多么温和而坚定的方式说，你的话你儿子也不会听进去的。因为你完全在自己的逻辑体系里，一点都不了解自己的孩子。”首先，别人能做到的事，不一定是你的孩子能做到的，父母的要求并没有从孩子的特点出发，只是想当然地这么认为；其次，在孩子已经有情绪地表达自己达不到要求的时候，父母依然没有看到孩子的状态；最后，孩子虽然完成了任务，但是情绪没有控制好，父母马上针对他的情绪问题展开批评。这完全是站在成人的立场，傲慢地要求孩子照做，而不是去倾听和理解孩子当时的处境和状态，也没有及时给予孩子爱的回应。当成人没有站在孩子的立场去了解孩子，而是用自己的立场和逻辑去要求的时候，就会失去孩子的信任，影响亲子关系。长此以往，随着年龄增长，孩子就会越来越不听父母的话。

这里，我们不是说父母要处处依着孩子，完全根据孩子的想法来做，而是父母要看到自己和孩子的不同，在遇到事情的时候，不要想当然地下达命令，而是要先花一点时间了解一下孩子的想法和状态，设身处地地和孩子一起商量该怎么做。

所以，比较好的做法是首先共情孩子的感受，承认背课文不容易（背诵对很多人来说都是噩梦）；其次，询问孩子有什么改进或处理的方法，如果有就鼓励他尝试，没有就让他总结目前的经验或方法；再次，给孩子一定的时间去改变或解决问题（有时候不改变，问题自己也会消失），不要纠结人为界定的 53 秒或 45 秒（这并不重要）；最后，肯定孩子的努力，让孩子不要放弃对学习的努力。

成人需要给孩子充足的时间和空间去成长。孩子一开始做不到，没关系，过几天也许就可以了。但如果一定要求要做就做好，破坏了孩子的兴趣，那很可能孩子永远也做不好。

成长是本我和自我的关系

虽然我们不断地强调成人要给予孩子充足的时间和空间去成长，但这并不意味着父母就不用管孩子、任其发展，也不能简单化地把其理解为“顺其自然”,而是要首先搞清楚什么是“成长”,什么时候该管、什么时候不该管。

所谓成长其实是孩子能逐渐理解自己，管控自己，能做出选择并承担选择的后果的过程。随着年龄的增长，孩子并不一定就能管理好自己，成长是孩子本我、自我、超我三者之间长期博弈的结果。

弗洛伊德将人的人格分为三层：本我、自我及超我。

本我代表个人的本能和欲望，遵循懒惰快乐原则：自己怎么舒服怎么来，满足自己的本能和各种欲望。婴儿就是如此，每天吃了睡、睡了吃，这就是本能的体现。长大一点，人的本能依然很强大。比如一个人喜欢喝甜饮料，就希望每天喝甜饮料，本我才不管长期喝甜饮料的后果，一切依照快乐原则行事。最好还不用出门自己挣钱买饮料，有人直接递过来最好了。所以，本我的特点就是“好吃懒做”，每个人都有这样的本能。

自我是从本我中逐渐分化出来的，是现实不断教育本我产生出来的人格。你总是喝甜饮料，就会发胖牙齿痛；你不想走路，就无法拿到自己想要的东西。所以，完全的本我是不可能在现实中生存下来的，必须要有一个管控本我的自我出现。自我遵循现实原则，调节和把控本我与超我之间的矛盾，既要满足本我的需要，又要调节各种“社会规训”产生的压力。换句话说，自我就是调节个人本能欲望和社会规训的力量。所以，本我和自我本身就是有一定冲突性的。

超我代表社会理想的道德要求和集体化的规训，遵循理想原则，主要作用是抑制本我的冲动，实现完美人格的展示。比如牺牲精神就是超我这一人格的典型体现。换句话说，超我是以道德心的形式在运作，是儿童在成长过程中通过吸纳社会道德规训发展起来的人格，也是集体化过程中超越个体利益的一种力量。

这三种人格对孩子的成长都很重要，它们互相制约，也在冲突中互相促进。在孩子的成长过程中，本我和自我之间的关系尤其重要。本我和自我经常会进行“对话”，本我并不是那么愿意听自我的话的，只有当本我意识到听从自我的话对自己有好处时，才会听从自我。比如，自我觉得天气凉需要添衣服，但本我太懒嫌添衣服麻烦，便和自我“争执”。一开始，本我很强大，根本不听自我的；但是出门后果然很冷，冷得瑟瑟发抖或者着凉感冒。这样一来，自我的话语权就大了。自我向本我证明：你不听我的，就会吃苦头。这个时候，本我才会屈服，听从自我的要求，冷了添衣服，热了脱衣服，也因此感受到了听从自我的好处。随着不断累积，慢慢地，自我的话语权就大了。所谓成长，就是自我能越来越有效地管理好本我。

然而，太过于“关心”孩子的父母，比如前文说到的密集母职型的父母往往会剥夺孩子自我和本我之间的这种对话和博弈。有一种冷叫“妈妈觉得你冷”。当孩子没感知到冷意时，妈妈就自顾自地甚至是强迫式地为孩子加了衣服，即使孩子很想拒绝也会在父母的逼迫下选择接受。这个时候，孩子的自我没有机会成长起来，孩子的本我被外部的强迫力量给压制了，也没有感受到自我的好处。长此以往，孩子对于自己的冷热就失去了感知或预判，很难在觉得冷时加衣服，也很难在觉得热时脱衣服。

比较好的做法是提醒孩子外面的温度，但给予（3 岁以上）孩子自己选择是否穿衣的权利，如果他不愿听取，那就让他自己去承担后果。很可能他真的不需要和成人穿一样厚度的衣服，也可能被冻到或热到后，他自己会学着根据气温来穿衣。这是一个孩子自己协调本我和自我的过程，需要一段时间，但是一旦协调好，他就具备了这种调节的能力。

作业问题也是一样。孩子的本我都不太想做枯燥的作业，但是因为不做会被老师批评，承受各种惩罚，因此自我就会管着本我回家要完成作业，如果完成了，第二天就不会受到批评。孩子的自我和本我在作业上的博弈来来回回很多次，一直到本我和自我之间就满足自己的本能和完成社会要求之间达到了一个新的平衡。但是，如果家长每天都陪伴孩子做作业，陪伴的时候又每一步都盯着孩子的各种问题，在孩子的自我发现问题之前，就强迫孩子马上修正，那么在这一过程中，同样剥夺了孩子本我和自我之间博弈的权利。对孩子来说，自我没有发展起来，而本我成长得很强大，从而去对抗父母——这个外来的自我。长此以往，孩子的自我就越来越弱。

比较好的方法是父母做到老师要求的提醒和检查，但不包办孩子执行过程中的问题，给他试错和改正的时间与空间；在老师批评孩子的时候，要对孩子表达同理心，告知孩子“如果有什么需要我做的，我很愿意帮忙。”此外，用后文提到的“正面标签法”也会很有效果。

很多情况下孩子的自我都被父母“强大的自我”取代了，自我和本我之间的博弈没有发生，频频发生的是孩子的本我和父母之间的冲突，孩子自我的能力被压抑住了，而本我在对抗中却发展得异常强大。到了青春期，本我和自我本身就存在冲突，这个时候问题就更严重了。更麻烦的是，孩子的本我太强大了，和父母代表的“自我”之间的冲突越发厉害了，父母不得不每天全力以赴才能在和孩子的抗争中不落下风，所以，父母会抱怨孩子不自觉。

但是，这场战争注定会以父母的失败告终。孩子的自我也要发展起来，他必须要赶走父母代表的自我，才能用自己的自我来管理自己的本我。当他终于听从自己的想法管理自己的本我时，就意味着父母代表的那个自我彻底失败了。如果父母代表的自我非常强大，最后把孩子的自我彻底打趴下了，那么孩子就成了

“妈宝”，放弃自己掌控人生的企图，都听从父母的安排了。

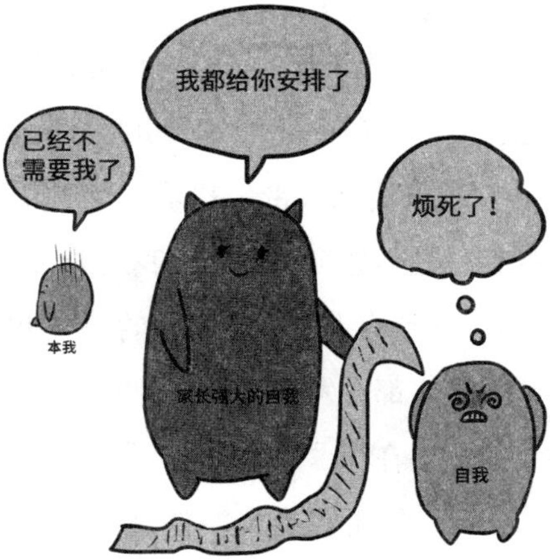

所以，父母最重要的工作是帮助孩子的自我成长，而不是让自己代表的那个自我成为孩子的自我。因为当父母代表的自我成为孩子的自我时，往往会产生一个严重的后果：破坏孩子的归属感，即孩子自我成长的动力机制。

成长的动力：建立归属感

除了适应社会要求，孩子在整个成长过程中，一直在追寻的其实就是自己的定位，或者说是“归属感”：“我是谁”，“我能为别人做些什么”，“我对这个世界有什么意义”。换句话说，在成长的过程中，孩子有一种内生的动力，想要确定自己的定位在哪里，而这个定位会决定他后面所有的行为模式。

那么，“正确的定位”指的是什么呢？就是孩子越来越清晰地认识到了自己的能力：“哇！原来我是这样一个人”，“原来我有这些特点”，“原来我很可爱”，“原来我很好”，等等。总而言之，他对自己很满意，觉得“我对他人也是有贡献的”，“我能帮妈妈做些事情”，“我能给别人带来欢乐”，等等。这是他在社会中的定位，这些定位最后还会上升到“我还能对整个社会做一些贡献”，这就是孩子在整个人生大格局中的一个更高层次的定位。

人类终其一生其实都在发展这样一种归属感。我们即使到了做父母的年龄，依然很在乎“我是谁”“我能为你做些什么”“我对别人有什么价值”。如果我做了一件事情没有得到你的认可，这实际上就意味着我做这事情是没有意义的，这对我的打击是很大的。

可见，“归属感”是人类的一个本质追求。对于孩子而言，他成长的所有动力，都在于寻求这种归属感。

那么，怎么建立好的归属感？无论是蒙台梭利，还是《孩子：挑战》等儿童心理学专著都认为，要建立好的归属感最重要的就是让孩子认识自己、接纳自己，能做出自己的选择并承担相应的后果。

如果父母没有很好地支持孩子归属感的发展，比如时时刻刻在纠错，或者用父母的自我去替代孩子自我的发展，那么孩子就很难很好地认识自己和接纳自己。他会觉得自己什么都不是，什么都不会，对别人也没有什么用。所以，我们在做青少年研究的时候，发现很多孩子觉得人生没意思、没意义。听到这种想法，专家们常常特别担心，因为这意味着孩子的归属感没有被很好地培养起来，自身学习和成长的动力被破坏掉了。

父母或外界破坏孩子归属感的建立会导致孩子给自己建立一些错误的目标来寻求认同，这些错误的目标将会严重影响孩子后续的行为模式。

孩子建立的第一个错误目标是寻求过度关注。一件事情明明是孩子可以独立做的，但是他一定要父母在身边关注自己，才觉得做这件事情有意义。哪怕父母离开一小会儿，比如接个电话，他都不能承受。

孩子需要关注是一种非常正常的需求，但我们也要注意一个概念——合适关注。合适关注是指孩子如果本身很享受某件事情，被父母关注到了会很高兴，但是如果父母不关注，他也能自己乐在其中。事情的意义并不因为关注本身发生质的变化。而一个寻求过度关注的孩子，事情本身对他是没有意义的，只有获得妈妈爸爸的关注、他人的肯定，这个事情才有意义。也就是说，在孩子的自我意识中，他自己本身不具有太多价值，只有被别人看到、肯定，自己才有价值，这是孩子建立的第一个错误目标。孩子成年后形成的“讨好型人格”往往和小时候寻求过度关注有关。

有时候，家长会觉得小孩很烦，也会说“你要独立做啊”，“你看你明明做得很好，可以自己一个人完成”。其实，这些父母并没有意识到背后的问题并非孩子不能独立完成，而是因为他们的归属感受到了损害，所以他们有了一个错误的目标。改变孩子不独立的问题并不在于强调孩子能独立完成这个逻辑，而是父母需要反思自己在日常生活中是不是认同孩子的地方太少，时时刻刻在纠错，管得太多，用自己的自我替代了孩子的自我。

如果父母在孩子建立第一个错误目标的时候，没有意识到背后的归属感问题，反而进一步去挑孩子的错，或者更多地“帮助”孩子，那么孩子会建立第二个错误目标——寻求权利。因为在父母不断给孩子纠错时，孩子对自己的认可度是比较低的，这就造成孩子在自我意识中，认为“我”每次都是错的，而人类本能又让他觉得“我”对这个社会是有意义的，“我”是有价值的。这种矛盾一方面会让孩子感到很痛苦，另一方面又让他通过跟父母争夺权利来寻求自己的定位。这在现实中就体现为：你让我往东，我偏偏往西；下次你说往西，我一定要往东。总之，他们没有真实的理由，就是要跟父母对着干。孩子通过这种“寻求权利”式的对抗来建立自己的归属感。

面对这种对抗，父母会觉得孩子脾气大，莫名其妙地不可理喻。这时候，如果父母不反思问题背后孩子的需求，而是采用各种方法，比如传统的“打一顿”的方式让孩子屈服，或者现代的“温和而坚定”的讲道理或者交换的方式达到让孩子听话的目的，那么，孩子很可能就会建立第三个错误目标——寻求报复。也就是说：你要想让我做某件事，我不仅不做这件事，还要把这件事破坏掉；你特别想在别人面前有面子，我不仅不让你在别人面前有面子，还特别想让你丢人。当父母总是通过控制金钱、玩游戏时间或者暴力来控制孩子，孩子无法获得应有的自主权，就通过破坏的方式，来展示自己的力量，寻求归属感。

如果到了这个阶段，家长还没有关注到归属感的问题，还是觉得孩子不听话，继续用更强有力的方式去控制他、纠正他，那么孩子就会建立第四个错误目标——自暴自弃。

所谓的“自暴自弃”就是：“反正你是对的”，“那我就不要做什么了”，“你叫我做什么，我就稍微动一动”，“你说一说，我动一动”。总体上来讲，“我”觉得自己是没什么用的，也不准备怎么努力了。一旦孩子进入这个阶段，问题就比较麻烦，说明孩子的归属感基本上被破坏得差不多了，自我成长的动力也在斗争中被消磨殆尽。最后，孩子放弃了自己掌控人生的可能。这四个错误目标也对应着四个不同的阶段。

我们经常听说有孩子离家出走，这些孩子往往处于第三阶段寻求报复和第四阶段自暴自弃之间。他想最后看看，离开父母自己能不能成为一个可以依靠自己生存下去的个体，他要最后试一次。研究这些离家出走的个案，我们发现孩子都不是为了享乐或者通宵打游戏，而是为了独立生存的时间长一点。比如有一个离家出走的孩子，他拿了600元，每天都过得很辛苦，在公园长椅上睡，在超市里随便买点东西吃。他没有把钱一口气花掉，在外面很辛苦也不想回家。父母会觉得非常不理解：你又不是在外边过得很好，为什么还不肯回家呢？是的，孩子用这种方式在做最后的挣扎：“我”要看看“我”到底能不能成为独立的人。

如果孩子沿着这样一个过程走下来，你会发现他的第三阶段会和青春期混在一起。如果前面几个阶段没做好，青春期时，孩子的力不从心感更强。因为这个时期是孩子追求“自我”的重要发展时期，但是他的能力不足以让他完全独立。因此，他的力不从心感会更强，这个时候他的自我归属感也会最低。如果家长这时还不注意方法，那么这种冲突就会特别严重。

在社会学研究中，米德等学者都证明了青春期的叛逆并不是必然出现的，青春期的孩子情绪起伏会比较大，会更在乎同伴的认可，对生活的追求会更多元。可是青春期的孩子并不一定会和父母对着干。孩子在青春期的叛逆主要是因为两代人之间的差异变大，上一代人想要控制下一代人而产生的。这一时期也是父母调整和孩子关系的最后时期。如果在这个阶段，父母依然强调孩子要“听话”，用各种方法去控制他、束缚他，那到最后孩子会出现三种不同情况。

第一种是彻底变成“妈宝男”或“妈宝女”，离开父母基本上就不太行。这样的个案很多。父母实在管不了孩子，孩子的学习成绩也不好，于是家长就把孩子送到国外读书，孩子在外面就随便混混，吃吃喝喝，学习还是不怎么样，最后告诉爸妈说学不下去了得回来，回来后也不想工作。

第二种是把问题都归咎为原生家庭的问题，觉得自己的所有问题都是父母造成的，但是又特别依赖父母，完全啃老，还啃得理直气壮；虽然会和父母对着干，也经常吵架，但是在经济上又完全依赖父母，自己根本不想努力。理由是：都是你们害了我。

第三种就是和父母彻底决裂，为了寻找自我，离开父母，去的地方离父母越远越好，做的事情都是父母反对的，在漫长的人生中，虽然早已过了青春期，但是却一直处于叛逆期中。所以，有一句话虽然是鸡汤，但是却让很多人产生共鸣：幸福的人，一生都被童年治愈；不幸的人，一生都在治愈童年。因为归属感没有在童年时期建立起来，所以在成年后要花更多的力量反省，才能找回成长的动力，才能重建归属感。

归属感对孩子的成长实在太重要了。所以，我们在这一章不断强调要了解孩子，了解孩子成长的本质，更好地保护孩子自身的成长动力。如果父母站在自己的立场，用自己认为的对错去看待和指正孩子，那么这就是蒙台梭利说的“成人的傲慢”。父母如果不断地纠正孩子的各种“错误”，希望孩子“听话”，那么这一过程实际上是在不断告诉孩子“你看你是很差的吧”，“你能力不行吧”。父母不断证明自己很正确，用事实和语言来证明自己是对的，但是对孩子来说，这证明了父母的强大，反衬了孩子的弱小和无力。所以，很多父母都不能理解：“妈妈说的都是正确的，爸爸给你的指导都是对的，你为什么不听？”“老师明明给你指了一条康庄大道，你为什么不走？”因为对孩子来说，承认听你的都是对的，他就没有听取自己声音的机会，也没有证明自己强大的机会。一旦孩子的归属感出了问题，那么对他而言做什么事情都没有意义了，人生为什么还要努力呢？

维护孩子的归属感需要父母的理解，需要父母的智慧，也需要父母更好地认识孩子不同阶段的成长特征。

我之所以强调优势累积教育法，正是想帮助父母认识孩子在成长过程中需要建立归属感，从而让孩子有能量、动力和对生活的热情。

孩子的成长年龄地图

在一次上课的时候，有位家长学员向我提出了一个关于孩子吃零食管不住的问题。她说她的家中会备有很多零食供孩子解馋，但却有一个前提——只能在饭后享用，只要吃饭问题解决，就可以自由支配零食。但令她头疼的是，孩子根本无法控制自己吃零食的时间，所以她很希望我就培养孩子自控力方面给出一些建议。其他学员向她提了很多问题来帮她寻找解决方案，比如：既然不想让孩子吃零食，为什么家中又摆满了这种诱惑？在与她进行激烈探讨的过程中，我突然收到了一个信息点，一个全场为之震惊的信息：她的孩子还不到 3 岁。

也就是说，这位家长要求 3 岁的孩子在家里摆满零食的情况下，在饿了的时候不可以吃，吃完饭才能吃，孩子做不到就认为他没有自控力。实际上，这根本不是孩子自控力的问题，而是对 3 岁的孩子就不应该提这样的要求。因为这个年龄段的孩子的自我意识才刚刚开始有掌控力，远没有达到成人能抵御诱惑（成人都不一定有在饿的时候看到零食也不吃的自我管控力）的阶段。孩子的时间观念也还没有完全形成具象，他们很难清晰区分吃饭前和吃饭后的时间。父母对孩子提出了不符合他年龄的要求，最终的结果是父母焦虑，孩子被批评。

耶鲁大学的格赛尔儿童发展研究所经过 40 多年的研究，提出了相对完整的孩子成长地图：每个年龄段的孩子都有其不同的特征和能力成长，父母只有了解孩子的成长规律才能更好地理解孩子，帮助孩子适应社会。

1 岁是可爱而难缠的年龄，也是培养安全感不可错过的一年；

2 岁是又好气又惹人爱的年龄，也是培养幽默感不可错过的一年；

3 岁是从友善到和父母对着干的年龄，也是培养创造力不可错过的一年；

4 岁是狂野而美妙的年龄，也是语言表达能力飞速成长的一年；

5 岁是开朗愉悦的年龄，也是亲子关系最融洽的一年；

6 岁是叛逆而甜美的年龄，也是内心矛盾最为突出的一年；

7 岁是沉静而敏感的年龄，也是抽象思维开始发展的一年；

8 岁是成长与欢乐交织的年龄，也是热衷思考、思维活跃的一年；

9 岁是独立而执着的年龄，也是学习能力跨越提高的一年；

10~12 岁是独立又自我矛盾的年龄，也是向青春期过渡的阶段；

13~14 岁是叛逆与成长共存的年龄，也是逐渐成熟的青春期。

不同年龄段孩子的情绪、适应能力、动作能力、力量和耐力、灵活性和协调性、生活习惯、自理能力、交流能力、遵守规则能力、探究能力、数学认识、语言能力、心智能力、读写能力都是不同的，而且还不是直线发展的。比如在 3~5 岁的时候，孩子能和不那么熟悉的人热情地打招呼，到了 6 岁后反倒不打招呼了，这其实是很正常的事情，因为他们有了自己的想法，更在乎自己的感受。但如果父母不知道，觉得孩子怎么变了，想尽一切方法去改变，最后不仅会无功而返，还有可能破坏孩子的归属感，破坏亲子关系，破坏孩子的成长规律。

不仅不同年龄的孩子表现不同，同一年龄的孩子也因为性格、身处的家庭不同而有不同的表现。所以，父母需要根据孩子的年龄、特点和实际情况来调整自己的教育方式，寻找更好的方式来理解孩子。

但是，很多父母往往并不根据自己孩子的年龄和特质去了解孩子，给予孩子足够的支持。比如，孩子的抽象思维能力一般要到 7 岁左右才开始发展，但是有些父母在孩子 5 岁的时候就把孩子送进了“逻辑思维兴趣班”，这种学习不仅不利于孩子的成长，还有可能固化孩子的思维。又比如，父母希望孩子一上小学就能有学习的自觉性，能独立完成学习任务，但实际上，孩子要到 9 岁，也就是小学三四年级才能有比较好的自控力和自我独立意识。提前高要求有时候会让孩子在被压迫的状态下失去自我成长的动力。所以，在孩子刚上小学的时候，父母应该充分理解和共情孩子不能很好地控制自己一回家就做作业，或者不能显示出对学习的自觉。

面对不同年龄段的孩子，父母必须要有不同的角色定位和陪伴方式。

孩子 0~3 岁时，父母要做的更多是跟随他们，因为在这个阶段跟他们讲道理是行不通的，也不必对他们过度关注，我们要做的只是改变环境并善用孩子对自己的特别关注来改变他们的行为。

父母不需要给这个年龄段的孩子提供太多选择，因为他们还没有做选择的能力，也不太能承担选择的结果。比如：无须询问孩子喜欢吃什么，父母准备好营养均衡的食物即可；在孩子拒绝吃某种食物的时候，仔细观察和了解背后的原因，做一些调整。其次，用关注来引导孩子，多关注和表达你觉得孩子好的一面，在控制风险的情况下，忽略那些“错误”。再次，这个年龄段的孩子需要比较充分的身体接触，身体游戏会让孩子很快乐。最后，对这个年龄段的孩子来说，有一个相对固定的照顾者对孩子安全感的建立很重要，频繁更换主要照顾者可能会让孩子变得情绪化。

4~6 岁是一个非常重要的引导期，这个年龄段的孩子开始对情绪有了认知，父母要善用一些游戏和互动体验来疏导他们的情绪。同时，这个年龄段还是幼升小的关键期，利用益智游戏提升孩子的能力是一件两全其美的事。

在这个阶段，规则的建立很重要，父母要明确自然后果和逻辑后果的区别（这一内容在第五章有详细介绍），确定什么是必须管的，什么是让孩子自己去探索的。其次，这个阶段的学习方式主要是“玩中学”，过早地对孩子进行“学术训练”，即以培训的方式让孩子学习小学和中学的内容相当于拔苗助长。在这个阶段，玩耍带来的能力成长对孩子未来的发展特别重要。最后，父母要在这个阶段引导孩子关注外部世界，关注家人以外的其他人，学会面对社会的技巧和情绪管理方法。

孩子 7~12 岁时，父母最需要做的就是陪伴。这个年龄段的孩子慢慢有了自己的想法，父母需要尊重他们，多给他们机会尝试，多听他们的想法，善用沟通的方式，利用共情找到问题。

这个阶段，孩子犯错最多，是孩子本我和自我斗争最激烈的一个阶段，而且对父母和老师严格要求，因此，父母要有宽容之心才能让孩子有自我改正的时间和空间。当遇到问题的时候，父母要等一等、忍一忍，看看孩子能否自己解决。如果不能，父母要思考如何搭台阶帮助孩子找到解决问题的方向和方法。此外，这个阶段也是孩子社会化的重要阶段，父母的三观会切实影响孩子。父母需要不断反省自己的观念会带来什么影响。所以在这个阶段，父母要好好学习，孩子才能天天向上。

孩子 13~18 岁时，家长就又要回到跟随阶段，在善用启发式提问的基础上，引导孩子思考，但无须给出答案，让孩子自己试错，自己成长。

这个阶段也是孩子的青春期。虽然青春期并不一定会带来叛逆，但是孩子的情绪起伏会比较明显。此时，父母不要完全跟随孩子的情绪变化，要理解孩子的情绪变化，同时保持平和。在这一阶段，孩子的力不从心感会加剧，因此父母给建议要特别小心。建议不管用，孩子会觉得父母没用；建议很管用，孩子会觉得自己没用。因此在这个阶段，用问题启发孩子自己寻找答案好于直接给孩子答案。此外，在这一阶段还有一点需要说明的是，父母会悲哀地发现孩子对同伴认可的需求超过了对父母认可的需求，父母的重要性和影响力都在下降。这是非常正常的，父母要做好自己的心理调适。

了解孩子在不同年龄段的特点，会使教育孩子变得轻松且事半功倍。比如两岁的孩子把筷子扔到地上，父母不知道孩子这个年龄段的特征，就把筷子捡起来，告诉孩子不要扔。孩子再扔，父母再捡。循环往复，父母就会觉得孩子是在跟自己对着干。那孩子为什么这样做？因为他发现这样能引起你的关注，他好好坐在那里、好好吃饭不会引起你的注意。他把饭弄得一塌糊涂，你就会关注他。两岁的孩子希望引起成人的关注，无论是哪方面的关注，能引起关注就是成功。所以，这时父母的正确做法是把筷子捡起来拿走，不需要训孩子或和孩子讲道理（两岁的孩子听不懂道理，只能看懂表情），不理会，这事情就过了。

如果在孩子小的时候，父母总是特别关注孩子那些不好的举动，就会给孩子传递一个错误信息：想要引起父母注意，那就要干点坏事。孩子咿咿呀呀地讲话，父母不理睬他；但他一骂“他妈的”，父母就严肃地和他讲道理了。孩子发现讲脏话很有力量，能引起父母关注，于是就越说越起劲了。所以，关注就是力量，是一个非常好的教育工具。如何使用是关键。

我们强调优势累积，也是希望家长把注意力放在孩子做得好的地方，这样就能形成良性循环。即使你不那么清楚孩子的成长规律和节奏，但因为把注意力放在正面的事情上，孩子就会重复正面的事情，从而良性成长。

不带评价的观察和记录表

不是所有家长都能清晰认知孩子每个年龄段的成长特征，即使知道规律，面对不同孩子的巨大差异，也不见得能快速判断问题到底是什么、要不要出手管、怎么管。因此，在本章结尾，我们要给父母们一个透视镜：不带评价的观察和记录表。

这个表格很简单，如下表所示。

观察和记录表

观察时间	
观察地点	
具体事件	
孩子的行为	
孩子的情绪和表情	
孩子的语言	
孩子出现这种行为或情绪的可能原因 1	
孩子出现这种行为或情绪的可能原因 2	
孩子出现这种行为或情绪的可能原因 3	
你推测孩子的需求	
你的回应和行为	
孩子对你回应的反应	
情绪或事件的持续时间	
情绪或事件的结果	
你的思考	

这个表格要求家长记录看到的孩子的具体行为和情绪，并且推测原因，而且必须推测至少三种可能的原因。为什么一定要推

测至少三种原因？因为父母常常会带着自己的价值观直接推导原因，从而忽略孩子的特点和真实情况。成人的傲慢会使得父母看不到孩子的需求，所以必须要推测至少三种不同的原因，只有在推测第二种、第三种原因的时候，父母才有可能突破自己的假设，找到可能的真实原因。也就是说，希望这个表格能帮助父母突破认知困境，尝试寻找自己“偏见”以外的可能性。

父母对孩子的行为和情绪会有本能的反应，也需要记录这些反应，包括语言、表情、行为等，然后记录孩子的回应情况。如果同一现象反复出现，父母又能做到反复记录的话，那么可能就会找到真正的原因，并找到解决方案，也能避免冲突。

举一个简单的例子。都说孩子喜欢玩水，可是我儿子三四岁的时候特别不喜欢淋浴，尤其是洗头的时候，会大叫。于是，我开始记录孩子的表现，并推测原因：第一，水温太烫，孩子不喜欢；第二，不喜欢外婆洗，要妈妈洗；第三，需要一边玩玩具一边洗。

推测出三个原因后，我开始一一调整，结果发现这些调整都没用。但是在反复看自己的记录表时，我发现有两次我把水一淋到他头上，他就开始大叫。于是，我推测了第四个原因：水流进他眼睛里，所以他不喜欢洗澡洗头。于是，我买了一顶孩子的淋浴帽，和儿子说：今天我们不脱衣服，戴着帽子来玩水。因为一脱衣服，他就崩溃。于是，我们就穿着衣服，戴着帽子，玩淋雨游戏，我顺便把头发也给他洗了。结果，我发现他不闹了。

第二天，等他戴着帽子洗头没有问题的时候，我们再脱掉衣服洗澡，洗澡的问题也解决了。过了几天，儿子戴上帽子，脱了衣服进淋浴房就一点问题都没有了。

所以，在我们找不到好的应对方法的时候，这个记录表是一个很有用的工具。把孩子的行为、语言、情绪客观地记录下来，推测各种可能性，再一一验证，跳出原有的固定思维，往往能了解孩子的问题所在，最后比较顺利地解决问题。

这个记录表也能帮到年龄更大的孩子。

一天，我们优势累积学员群里收到一位妈妈的求助。

刚刚儿子（10 岁）要求我帮他抄写 3 面试卷，因为他上周五忘记带试卷到学校，老师罚他抄写。在他白天抱怨作业多的时候，我给予了他同理心，也表示过老师的惩罚很严重，有点为难人了。我说：如果你要忙于复习的话，我来帮你抄罚的部分吧。当时孩子说不需要，中途还玩了 3 次游戏。但是到了周日傍晚，在去跳舞之前，他突然要我帮他抄写试卷，不然他回来 9 点钟再抄就太晚了。我立刻拒绝了他，我说："你都有玩游戏的时间，怎么会没有抄写试卷的时间呢？我说帮你抄写试卷意思是如果你忙于复习，我又觉得复习的意义大于抄写试卷，可以代劳。可你现在根本没把时间用在复习上，而是用在玩游戏上，我怎么可能帮你去做抄写的事情呢？"儿子当场就着急了，开始说"回家写吧，不跳舞了"，但是在回家的路上，在车上又要蹦又要跳的，说现在教的都是有难度的动作，别人都去学了，他不学会怎样怎样，最后我还是送他去跳舞了。他临走之前甩给我一句话："回去我抄试卷，抄到很晚，这次期中考试别想我考好。"各位帮忙看看我哪里做得不对，面对这种情况，什么方式更为合适？

我让这位妈妈用“观察表”法写出三个她认为儿子让她来帮忙抄写试卷的理由。

她先把自己认为的理由列了出来：

第一，觉得跳舞回来太累了，想早点睡觉；

第二，就是不想抄写，要抄写的内容太多了，抄完很累；

第三，希望妈妈帮忙完成，自己轻松一点。

接着，我又让她在儿子上完舞蹈课接儿子回家的路上问问儿子，他的三个理由是什么。

结果，我们发现，儿子陈述的理由是这样的：

第一，又想跳舞又想抄试卷；

第二，玩游戏是因为有个朋友叫他，他为了陪朋友所以玩了游戏；

第三，他对于老师因为他没有带试卷就罚他抄写不满，觉得认真听课就好了，3 面试卷抄下来会很累。

不知道大家有没有发现，妈妈认为儿子让她抄写试卷的原因和儿子自己说的原因是完全不同的。

我继续追问这位妈妈，完全不同意味着什么？

这位妈妈告诉我，很多时候都是我们自己想当然的。这位妈妈对于儿子白天有时间和心情玩游戏已经是一再容忍，她能忍受的最多就是儿子在早上起床的时候玩半小时，后面该完成作业的时候肯定要以作业为重，没想到儿子居然在后来又玩了 2~3 次游戏。所以，对于儿子晚上跳舞前要她帮忙抄写试卷的事，她很反感。

其实，妈妈的不满在于孩子玩游戏，而孩子的内心其实是在抗拒抄写这件事情本身。当知道其实是孩子觉得这个惩罚没有道理后，妈妈就决定和孩子一起承受这个惩罚。她共情了孩子的委屈和不满，然后谈了责任和权利，最后和孩子分工一起完成了这个抄写作业。

制作这个观察记录表格的目的是帮助成人反思“成人的傲慢”，放下已有的价值观，学会多角度考虑问题，学会倾听和理解孩子的方式，找到问题背后的真正原因。成人和孩子是不同的，理所当然地推测原因，甚至连原因也不找，就马上进入解决问题的思维常常使得问题本身不能得到解决，还会形成更多的冲突。

父母需要带上这样的透视镜来看孩子，这样才能真正看见孩子。

本章重点

教育孩子的前提是了解孩子。孩子并不是白纸一张任父母涂写，也不是成人的缩小版，孩子有自己的成长逻辑。所以，成人要放下自己的傲慢，学会和孩子共情，去理解孩子行为背后的需求，这样才能更好地帮助孩子。

孩子成长有其自身的规律，本我、自我和超我三者的博弈需要孩子有时间和机会去不断亲自体验。所以，父母要帮助孩子自我成长，而不是成为他的“自我”，替代孩子成长。如果父母没有帮助孩子进行自我成长，那么就算孩子完成了很多事情，他的归属感也会出问题，他会不知道自己是谁，不相信自己有能力独立完成人生任务，也不觉得自己对他人或世界有什么意义。缺乏归属感会导致孩子建立四种错误目标：寻求过度关注、寻求权利、寻求报复和自暴自弃。这些错误目标是孩子出现重大问题的罪魁祸首。

为了避免这些问题，父母需要了解孩子在不同年龄的成长特点和需求，在出现具体问题的时候，通过观察去了解孩子行为背后的需求和原因。我们也提供了一张非常有用的观察和记录表来帮助父母走出认知困境，找到问题背后的需求，让父母能更容易和孩子共情，找到解决问题的方向。

小贴士

教育之前想一想：孩子这么做，背后的逻辑和需求是什么？

03

定位仪：

父母的角色到底是什么？

今天做父母真的很难，不仅仅是因为我们都是第一次做父母，更重要的是对于父母究竟应该怎么做出现了很多争议。相比过去，父母的角色真是复杂多了。所以，讨论家庭教育非常有必要讲清楚父母的角色到底是什么。这个问题是家庭教育中的定位仪，没有理清楚这个问题，就会犯方向性错误，即使你态度再好，技巧再多，也很有可能成为失败的父母。本章就详细聊聊父母的角色定位与家庭合作育儿模式。

从传统到现代的父母角色变化

无论是国内还是国外，在过去的几十年中，社会都发生了巨大的变化，这些变化涉及社会的方方面面，家庭教育尤甚。

在我小时候（20 世纪七八十年代），我妈管我特别简单：做错了就惩罚。她的原则是：手做错打手，脚做错打脚，嘴巴说错打嘴巴……哪里错了打哪里，如果是脑子犯错，那就罚跪！那个时候，我完全不觉得父母打我有什么问题，孩子不听话，父母打一顿是天经地义的事情。我妈还算好的，每次打我之前都是有理由的，而且下手也不算重。隔壁邻居家的孩子常常毫无理由地被打，而且还打得重。那个时候，父母具有绝对的权威，顶嘴和还嘴都是不被允许的，会带来更严重的惩罚。

但现在，我就没有这样的“权力”，我的女儿和儿子都非常清楚地知道：打人是违法的，父母也没有权力打孩子。我要是对我儿子凶一点，他立马对我讲：“妈，你难道不爱我了吗？”我到现在都不敢跟我妈讲“你不爱我了吗”。所以，家庭的文化和权力关系在过去40年中真实地发生了巨大的变化，父母的权威失落了。这种失落不是因为父母本身由于爱孩子而选择变弱了，而是因为社会文化和环境变化了，无论父母是否愿意，都不再拥有过去那种不容置疑的权威了。家庭文化的变化主要是由三方面的变迁引起的。

首先，整个社会变得越来越平等和民主。在中国传统社会，无论是公领域还是私领域都存在等级，张之洞在著名的《劝学篇》中，一方面强调国家自主之权，另一方面又坚决反对人人有自主之权。因为在他看来，“中国所以为中国”是因为有三纲五常，而倡民权会导致“子不从父，弟不尊师，妇不从夫，贱不服贵，弱肉强食”，从而使社会秩序解体。虽然随着社会的发展，个人在参与公共事务的时候有了“权利”概念，但是正如金观涛和刘青峰在《观念史研究》一书中指出的那样：在处理私人关系时，特别是在处理家族内部事务时，个人权利观念与儒家伦理是有矛盾的，“儿子对父亲是不能讲个人权利的，在亲戚和朋友之间谈个人权利亦是十分可笑的事情”。我做家庭研究的时候，老一辈就会说：他吃我的、穿我的，凭什么和我谈权利？但是，进入民主社会，“权利”是天赋的。因此，在人人平等的现代民主社会中，孩子们似乎越来越“叛逆”：凭什么要照着你说的做？孩子们最重要的人生目标就是：追求自我。这个自我是独立的、有权利的，不遵循上下尊卑的等级体系。所以，其实不是孩子越来越“叛逆”，而是社会文化赋予了个体独立自主的权利。这种社会的转型听上去很抽象，但是却对家庭教育影响巨大。越来越多的父母发现，如果沿用自己父辈的方法来教育孩子，孩子常常特别有反抗精神，根本无法实现教育目标。

其次，家庭的价值取向也从“家庭主义”转向了“个人主义”。在过去，我们结婚生子的目标是传宗接代，我们努力奋斗的目标是光宗耀祖，这都是为了家庭的利益，家庭的利益是高于个人利益的，这就是“家庭主义”的价值取向。而父母代表着高于家庭成员个体利益的整体利益，父母因为有这个代表身份可以安排孩子们的生活，对子女有绝对的权威性。比如，过去某一徽商有三个儿子，大儿子跟着徽商做生意，二儿子去考科举做官，老三去学一门专门的技术。这个徽商不是根据三个孩子的特点来安排他们的分工，而是根据家庭利益最大化来安排的。子女如果反抗父母就是损害家庭整体利益，会被大部分家庭成员压制。此外，在过去，个体必须依附于家庭才能生存，反抗代价非常大。因此，在家庭主义的文化中，代表家庭利益的父母具有绝对的权威。

但是进入现代社会，个体流动是工业化发展的必要条件，个体已经完全不需要依赖家庭生活，每个人都把自己个人的幸福看作人生的终极目标，因此，家庭主义必然被削弱，个人利益被置于家庭利益之上，父母无法再代表“家庭利益”，也失去了至高无上的权威性。

最后，随着信息时代和智能时代的到来，父母的经验和知识面临过时的风险。美国人类学家玛格丽特·米德在《文化与承诺》一书中从文化传递的角度，将人类社会由古及今的文化分为三种基本形式：前喻文化、并喻文化和后喻文化。前喻文化是指晚辈主要向长辈学习，比如在农业社会中，老人的经验能指导年轻人；并喻文化是前喻文化与后喻文化之间的一种过渡；而后喻文化则是指年轻人因为对新观念、新科技良好的接受能力而在许多方面都要胜过他们的前辈，年长者反而要向他们的晚辈学习。社会学家周晓虹在研究中国的代际关系时提出了文化反哺现象。也就是说，中国进入了后喻文化占主导的时期，老一辈的经验无法复制到年轻人的生活中去，反而是年轻人掌握了新的技术、新的信息源泉反哺老年人。这样，老年人就失去了其经验价值，从而彻底丧失了权威。

社会发生了变化，父母权威的丧失并不由个人意志决定。无论父母接受与否，随着时代的发展和孩子年龄的增长，父母必然会失去权威，除非父母让孩子丧失生存发展的能力，在经济上完全依赖父母，否则，带有专制性的权威必然遭到反抗。在这种社会转型中，父母必须寻找新的教育方式。

在传统教育方式失效后，年轻一代的父母转而拥抱西方的快乐教育。可是，西方的育儿理论真的能解决中国父母的所有问题吗？

西方育儿理论的局限性

西方社会比我们更早进入现代化，因此也更早面对家庭教育的转变。相应地，西方社会在这方面的研究也起步更早。改革开放以来，大量的育儿著作，尤其是心理学的育儿著作涌入国内，迅速被各大育儿机构、老师、家长等奉为金科玉律。

作为一名社会学者，从我个人的研究来看，大部分探讨人性或孩子本身特点的著作还是非常值得借鉴的，能让我们更好地理解孩子的特点和孩子成长的规律。但是，有关怎么做父母的内容就不一定适用，因为西方的历史传统、社会文化和家庭结构都和中国有巨大的差异，父母角色和操作会非常不一样，很多西方的理论在中国都不适用。

比如，在中国很火的育儿“经典”——《正面管教》一书强调父母要关注孩子的问题，要“和善而坚定”地处理问题，这一点很多妈妈就发现自己很难做到，尤其在面对做作业的孩子时。通常情况下，妈妈在回到家的前 15 分钟能做到，后面的火气就会越来越大，最后直接崩溃了；到了晚上，又反思自己没有做到“和善”“温和”，于是向孩子道歉或者和孩子分析之前的情况，承诺会和孩子一起努力，第二天会控制情绪，但实际上，第二天不会有改变。于是，妈妈们觉得自己对情绪控制得不好，去学西方的心理学，可控制了几天又爆发了，循环往复。所以，我在做研究的时候，发现现在的妈妈常常很内疚，觉得是自己的修养不够，是自己个人的问题。但实际上，这一问题背后是由不同的社会文化决定的。

首先，《正面管教》强调关注问题或换个角度看问题依据的是美国的文化背景。在西方的价值观体系里，指出他人的问题会被看作一件需要谨慎再谨慎的事情，因为这很可能冒犯他人，即使你怀着好意也没有权力干涉他人的不当行为，除非这一行为损害了公共利益或他人的利益。因此，美国面临的教育问题是孩子得到的鼓励太多了，有些父母甚至会觉得自己根本不知道孩子在学校里表现怎么样，因为老师都只说好话。而孩子也已经习惯了接受鼓励，所以，《正面管教》提倡要关注问题，换个角度看问题是有助于改变美国文化中泛滥的“鼓励”的，偶尔关注问题也比较有效果。

但是，我们中华民族是一个特别善于发现问题、善于批评和自我批评的民族，我们强调“一日三省吾身”，时时刻刻在找自己的问题和别人的问题。我们对表扬和鼓励是非常警惕的，就怕孩子“骄傲自满”“尾巴翘上天”。因此，无论是学校还是家庭，甚至社会上的陌生人都是勇于指出他人错误而吝于赞美鼓励的。所以，在这样一个一直把问题作为关注点的文化中，如果你还强调“关注问题”，就意味着孩子一直处于被挑剔的处境中，从学校到家庭到社会中，一直在被挑错，他的压力是很大的。无论父母如何和善、温柔，只要是关注问题，孩子要么不以为然，要么就很不耐烦，根本不起作用。而对父母来说，自身也处在被挑剔、被指责的压力中，也有自己的焦虑，更难做到和善而坚定。因此既要关注问题，又要“和善而坚定”对中国父母来说太难了。

其次，美国的文化是以个人主义为基础的，强调个体权利的神圣，有相对较为清晰的个体权利边界，因此在确定问题的时候，也会比较注意边界问题，即使在亲子关系中，也会有权利概念，对孩子的干涉是有度的。但之前我说道，中国文化中的“权利”概念和西方是不同的，尤其是在亲子关系中，是不太讨论权利概念的，亲子关系中没有非常清晰的个体权利边界。这就导致父母在关注孩子的问题时几乎是全方位的，很少反思这到底是谁的问题、是什么问题。因此，父母在教育孩子的时候，常常侵犯到孩子的个体权利而不自知，从而引起冲突。

再次，与美国文化不同的是，中国父母的牺牲精神特别强，我们经常牺牲自己的利益和乐趣去陪伴孩子。比如很多中国夫妻为了陪伴孩子而分床睡，但是大部分美国的父母是不愿意为孩子做这么大的牺牲的。中国父母的付出感要比西方父母更强，这种付出感对情绪的影响也是非常大的。所以，当孩子不如我们的意的时候，这种情绪的反弹会比较严重和直接。

最后，西方育儿教育中没有陪伴写作业这一项任务。陪伴写作业是全面挑战成人对儿童的了解程度和耐心的工作。父母总是不能理解一道题掰开来讲、打散了讲，为什么孩子还是不明白？为什么好不容易做对了这道题，换个主语孩子又不会了？因为不了解孩子成长的螺旋形轨迹，父母的焦虑和烦躁是很难避免的。而且陪伴写作业还非常枯燥无聊，即使很有爱的父母也会衡量自己花了那么多时间和精力，总不见成效，到底有什么意义。因此，在这种情况下，要保持"和善而坚定"几乎是一件不可能的事情。而美国大部分家庭的教育中是没有这一项内容的，因此，他们对此问题其实是没有经验的。

由于这些文化上的不同，中国的父母想要简单地通过控制情绪来"和善而坚定"地关注问题和解决问题是非常困难的。除非改变认知，意识到社会环境和家庭格局对孩子教育的影响，否则，父母就会处在情绪被压制然后爆发的循环中。

可见，仅仅"和善而坚定"这样一个简单的概念，由于中西方的文化差异，在实操过程中都产生了巨大问题，更遑论其他。所以我们在参考西方的育儿理念时，必须注意其局限性。

如果没有注意到中西方的文化差异，简单地按照西方育儿理论操作，还可能会产生严重的后果。比如，有些父母认为要给予孩子充分的自由，不要局限他的成长，让他去享受他的人生，快乐成长是最为重要的，因此，他们给了孩子无限自由、无限权利，让孩子随便吃饭、随便玩，家长来承担所有的责任，帮他收拾玩具，帮他清理东西……最后发现自己培养出一个"熊孩子"。

自由是有边界的，权利的背后是责任，我们在学习西方理论的时候，一方面要借鉴他们"先行一步"的经验，但同时也要注意文化不同导致的理论不适用，还要有文化自信。中国的育儿传统也有可取之处，本文在后面还会讨论西方育儿理论对中国合作育儿体系的破坏和隔代育儿的污名化，倡导重新思考两代合作育儿的可能性。

这里必须要强调一下，我并不是反对西方育儿理论本身，我觉得西方的很多研究成果是非常好的，但是，好的研究不一定适合所有文化的情境。因此，中国父母在运用西方育儿理论，尤其是在阅读指导父母具体怎么做的文献时，一定要首先思考一下中国家庭文化的独特性和社会大环境，有思考、有选择地运用，而不是唯西方理论马首是瞻。即使在美国，对传统心理学的讨论和反思也在 20 世纪 80 年代就已经广泛出现，在中国的文化背景下，这种反思和讨论更为重要。

从喂养教育到密集母职

除了时代的变化、西方理论的进入，今天的中国父母还不得不面对由于独生子女政策导致的少儿化的家庭环境变化和市场经济带来的竞争挑战。

过去，我们说把孩子“拉扯大”，父母的主要职能是让孩子吃饱穿暖，偶尔在孩子犯严重错误时，或者兄弟相争时，出手管一管。在那个年代，由于孩子数量众多，物质资源匮乏，父母能把孩子健康养大，就已经很好地完成了自己的职能。甚至很多时候是哥哥带弟弟，姐姐带妹妹的，父母解决一家人的生存问题就已经很不容易了。

但是，随着独生子女政策的普及和物质的极大丰富，每个家庭只有一个孩子，这个孩子成了“小皇帝”，身边的父母和祖父母成了“小皇帝”的服侍人员。于是，我们从“喂养”文化快速进入了“精养”文化中，“密集母职”的育儿文化几乎成为城市中产阶层家庭的主流。

也有研究提出密集亲职概念，意思和密集母职差不多，只是后者强调母亲是育儿的主角。密集母职概念是在20世纪90年代由莎伦·海斯（Sharon Hays）提出来的，用来描述一种在社会上越来越普及的观念：好妈妈首先应该是照顾者，应该投入大量的时间、金钱、精力、情感和劳动来集中抚养孩子。在今天的中国城市（还有部分乡镇）已经非常明显地出现了密集母职的育儿文化，而且这一文化还出现了更进一步的三个特征：（1）以孩子为中心，一切选择孩子优先；（2）父母全方位地对孩子投入时间和精力，认为在孩子身上花再多的时间和精力都是值得的，而且越多越好；（3）父母和孩子荣辱与共，孩子的成功就是父母的成功，孩子的失败就是父母的失败。密集母职并非一种好的育儿文化，这种文化一方面损害照顾者的利益，另一方面也不利于孩子的成长，因为它挤压了孩子自己的成长空间。

我在研究中发现，很多家庭一旦有了孩子，全家人的生活就完全围绕着孩子进行，从居住到经济到假期安排，都是以孩子的需要和节奏为主，孩子理所当然地认为自己是家庭的中心，身边人的牺牲和付出是必然的；而父母也觉得孩子是最重要的，亲子关系高于夫妻关系，更高于代际（与长辈的）关系。父母在孩子身上投入了大量的精力和物力，职场女性常常会对孩子有愧疚，觉得无法做到全心全意地照顾孩子，身边的人也对母亲偶尔开小差表达强烈的不满。似乎一旦为人父母就不该再有自己的生活，把自己的所有时间和精力投入到孩子身上才是正当的。但实际上，孩子的成长过程应该是一个不断犯错不断改进的过程，可由于父母与孩子荣辱与共，孩子的每个错误都变成了父母的失误。所以，父母竭尽所能地避免孩子出现问题，“纠错”成了主要的教育目标。

在这样的密集母职文化下，“直升机父母”越来越多。他们“望子成龙”“望女成凤”心切，就像直升机一样盘旋在孩子的上空，时时刻刻监控孩子的一举一动。这些“直升机父母”其实严重影响了孩子的发展。

洋洋妈妈相信“陪伴是对孩子最好的爱”，因此她对洋洋的照顾非常尽心。无论孩子做什么，她都花时间陪伴在一旁，帮助孩子成长。孩子在学校，她无法陪伴，就通过和老师沟通、每天询问孩子和他的同学，来掌握孩子的一切情况。

她觉得自己是一个非常负责任的妈妈。但孩子上三年级的时候，她发现，当她在旁边陪孩子做作业的时候，孩子会做作业，但是她一走开，孩子就不做了。在学校也出现同样的情况，必须要有人看着，洋洋才会磨磨蹭蹭把应该完成的任务完成。她觉得孩子的自觉性特别差。

可是，洋洋对我说的心里话讲了一个自由的问题。他说：如果妈妈在他身边，他就要按照妈妈说的做；当妈妈不在他身边的时候，就是他的自由时间了，他想干什么就干什么了。上课也是他的自由时间，他可以天马行空地想象，做一些小事情。洋洋说:“妈妈、老师不盯着你的时候,你还认真学习,那不是傻掉了吗?这样做的话,就永远没有自由时间了。”

洋洋的话我觉得很有道理，孩子自我探索和自我成长的空间被父母和老师的严格看管给挤占了，他需要自由地呼吸，所以，就要找一切机会抢回自己的自由。密集母职对孩子成长的害处是非常明显的，尤其是在6双眼睛都以挑错的目光关注的情况下，孩子想要自主发展真的是很困难的。

密集母职不仅损害孩子的利益，同样损害照顾者（比较多的情况是妈妈）的利益。过去的母职相对简单，能做一手好菜已经是一个好妈妈了。但现在，对做一个好妈妈的要求非常高：你要懂营养学、运动学、非暴力沟通、游戏、心理学、语数外学科、艺术、互联网技术等,有关孩子的一切你都要成为专家;不仅如此，你还要成为一名优秀的教育经纪人，能帮孩子进入好的学校，找到好的培训班、兴趣班；你还需要保持好自己的身材和容貌，不能有岁月沧桑的痕迹；随着孩子年龄的增长，你还需要与时俱进地了解和掌握孩子应该掌握的能力，还要辅导作业。总之，今天的妈妈是一个全能型的超级辣妈。但现实情况是，大部分妈妈都不可能做到如此完美。因此，妈妈的抑郁和焦虑也不断增加，在心理和生理上都觉得疲惫不堪。

反思密集母职文化，我们一方面要给予孩子更大的自由成长空间，另一方面也要解放父母，让父母在能力范围之内做到平衡。

为什么道理我都懂，但还是做不好

在时代变化、中西方文化交融、社会制度与社会支持体系改变的大环境下，要做好父母真的非常不容易。于是很多父母，尤其是妈妈们开始努力学习各种育儿知识和方法，但似乎问题还是存在，随着孩子年龄的增长，简直一个问题都没少。所以，父母经常感叹：道理我都懂，但还是做不好。

问题是，父母真的都懂道理了吗？我在研究中发现，父母学习育儿理论主要依靠自媒体，而自媒体的文章以煽动情绪、恐吓以及简单化地给“三招”为特征，这些真的称不上道理。因为没有一种方法适用所有的孩子，父母被打中情绪并不意味着就知道了背后真实的原因，看到别人有效的三招并不能完整地复制过来。很多时候，这些道理在使用上“差之毫厘，失之千里”。所以，把道理弄懂其实是一件非常困难的事情。

出现“道理我都懂，但还是做不好”的原因主要有三点。

首先，父母自身掌握的育儿理论的逻辑非常混乱。小花的妈妈特别强调孩子要学会分享。有一天，小花妈妈的好朋友带着女儿小丽到小花家玩。小丽喜欢上了小花的一个娃娃，很想玩。但是，小花不希望别人碰这个娃娃，所以坚决不给。争抢中，小丽哭了。小花妈妈教育小花：“你要学会分享，要把自己的东西给别人玩。”小花说：“不行，这东西是我的。”小丽在旁边哭得更厉害了。小花妈妈强行把娃娃抢过来给了小丽。小丽不哭了，但是小花哭得很厉害。双方父母都站在对方孩子的立场上说话，导致两个孩子的情绪越来越失控。

后来，只要有小朋友到家里玩，小花就把自己的东西藏起来，不给别人玩。小花妈妈很苦恼，来找我：如何让孩子变得更大方，学会分享呢？

我问小花妈妈：“如果孩子到小区里去玩，也看上了别的小朋友的玩具，要拿过来玩，但是别的小朋友不肯给，你怎么办？”小花妈妈说：“我会对孩子说‘你不能抢别人的东西’。”

我又问小花妈妈：“小花是不是会觉得奇怪，凭什么我的东西别人可以抢，而我要分享，不能抢别人的东西？”

小花妈妈一下子被问住了。父母的那个“分享”很多时候是用道德强迫孩子听从自己的想法，而从来没有仔细思考什么叫“分享”。

真正可以分享的东西所有权是归大众的：共享单车是可以分享的，幼儿园里的秋千是可以分享的。个人的私人物品只有愿不愿借给别人，不存在分享的概念。可是，父母对于什么是分享其实并没有明确的原则。

当我们明确什么是分享后，遇到小朋友到家里来玩，看中了自家孩子的某样东西，我们可以和这个小朋友这样讲："这是我们家儿子（女儿）的，阿姨没有权利给你或不给你，你需要和他（她）去商量或说服他（她）。"当真正把这样的权利给到孩子的时候，你会发现他们总能找到自己的解决方案。如果双方家长介入，一个强迫自己的孩子说不要，另一个强迫自己的孩子必须要给出去，最后，就形成了孩子和孩子、孩子和父母的对立。

所以，父母自己理清所谓道理的逻辑是很重要的，很多道理其实一点道理也没有。

其次，很多道理其实是互相冲突的，父母常常在对立的两个极端不断奔波。

比如：很多父母努力用快乐教育培养一个自信的孩子，在整个幼儿园阶段对孩子很放养；然后孩子上小学了，第一学期期末考了个倒数，父母一下就从放养变成了打鸡血，觉得过去的快乐教育就是个谎言，必须马上调整策略。父母是一下子调整过来了，但孩子是做不到马上改变的。所以，即使父母语重心长地和孩子把道理讲得很明白，但由于和过去的经验都不符合，孩子是似懂非懂的。父母一方面学习了快乐教育，另一方面又受到功利目标的影响，两者都有自己的道理，但用在同一个孩子身上就会形成混乱。

最后，家长的道理往往只是表面的道理，很多时候父母是心口不一的。比如，父母都很希望自己的孩子做到自信，也不断鼓励孩子要自信，可是，当孩子坚持自己的意见和父母或老师起冲突的时候，父母就会很生气，要求孩子马上认错或改变。这时，我们应该仔细想想：什么是自信？《新华词典》解释说是：“自信”是自己相信自己。那既然自己相信自己，自然在别人说自己不对的时候，自信的孩子更会坚持己见，为自己辩护。经常有父母和我辩解说：我希望孩子在正确的时候能坚持自己的观点，但有了错误就能马上改变。这当然是一种非常理想的状态，可问题是：谁能那么快速地判断对错？谁的判断结果一定和别人一样？我们在后文还会提到，大部分孩子的错误其实都不是错误。所以，父母所谓的道理常常是心口不一的：我希望你自信，但是我希望你和我不一致的时候，能马上听我的。

所以，所谓的“道理我都懂，但还是做不好”，很可能真实的情况是：道理根本没有懂，只是了解皮毛而已。更何况，知道道理去实行，也是需要付出代价和努力的，父母不见得做好了付出努力和代价的准备。

所以，新时代的父母需要经常反思自己一直放在口头上的“道理”，需要经常换个角度或立场来反思自己的教育理念和做法。

那么，父母到底应该如何定位和操作呢？优势累积教育法提出了定位父母角色的四个维度：目标维度、角色维度、关系维度和解释风格维度。

定位父母角色的四个维度

目标维度

考虑父母的角色首先要明确父母教育孩子的目标是什么？我在进行研究的时候，问了 300 名家长。当我问“你的家庭教育目标是什么？你想培养一个怎样的孩子”时，回答中出现频率最高的 10 个词是：独立、健康、快乐、乐观、自信、幸福、阳光、坚强、担当、善良。当我问“你最近的现实育儿烦恼是什么”时，回答中出现频率最高的是：学习习惯不好、磨蹭、学习不自觉、胆小、咬指甲等。这些现实性的问题和那 10 个高频词显得如此格格不入。我们在研究中也发现，父母对孩子未来的设定和目前的生活矛盾之间常常是有冲突的。这里，我们引入“战略性目标”和“现实性目标”两个概念。战略性目标是指面向未来的长远目标，现实性目标是指面对当下的目标。两者有时候是不统一的，甚至有冲突。

我们的第一个问题其实就是在问家长的战略性目标——“你想培养一个怎样的孩子”，这是家庭教育面向未来的目标；而第二个问题“你最近的现实育儿烦恼是什么”，面对的是当下的目标。如果目标不清楚、目标设置错误或者两个目标之间相互冲突，那么父母的教育就会走弯路。

对于目标维度，父母首先要思考一下：自己的战略性目标符合孩子的特点吗？比如很多家长希望自己的孩子外向、乐观、勇敢，但实际上他们的孩子可能天生比较内向和谨小慎微，和家长期望的完全相反，那该怎么办？我们后文会说到其实孩子只有特点没有优缺点，内向有内向的好处，谨慎有谨慎的好处，如果父母不接受孩子这样的特质，而总是想要改变孩子，那么很可能会给孩子贴很多负面标签，反倒影响孩子的发展。父母的目标和孩子的特征不匹配，需要修改的是目标，而非改变一个人的特征，因为每个孩子都有自己的特征，父母其实很难完全改变，只能做一定范围内的调整。

其次，父母需要经常反省：现实性目标损害了战略性目标吗？比如，父母的战略性目标是希望孩子独立自主，那么一个孩子要独立，就会不断尝试错误，不断探索，而且要独立完成任务，这样在未来才可能在脱离父母后独立自主。但是，父母在面对当下孩子的各种错误时，常常无法忍受，最后自己出手帮助孩子。父母出手，很可能干涉了孩子独立发展的能力，从长远来讲，是不符合培养一个独立孩子的目标的。所以，我们强调“等一等”“忍一忍”就是希望父母能给予孩子成长的空间，因为培养孩子的独立性是战略性目标。

最后，父母还需要思考：我的行为和目标之间有关系吗？或者进一步追问：我为战略性目标做了什么？现实性目标常常很清楚地摆在面前：成绩提高多少分，考进什么大学，愿意上台表演等。而战略性目标却常常沦为嘴上说说，没有实际落实的行为。很多父母的行为常常是忘了目标，甚至和目标背道而驰。

有一次，我带孩子去上海的一家儿童社会角色体验中心玩。在排队做肥皂的过程中，我注意到排在我们前面的一对母女。女孩显然不想做肥皂，想体验消防员的工作，但妈妈却劝说孩子做肥皂，因为做好肥皂能有一个成品带回家。最后，母女俩和我们一起进了做肥皂的场馆。

在做肥皂的过程中，孩子显然对玩材料更感兴趣，没有完全跟着老师的要求做，于是妈妈经常催促孩子，并要求孩子必须在活动结束前把肥皂做出来。但孩子听了还是继续研究材料，于是妈妈不得不亲自指挥——这里不对，那里也不对，这个要怎么做，那个要怎么做，搞得孩子很不耐烦。最后，肥皂没有做完，孩子还哭了起来。

我相信这位家长花一百多元带孩子到社会角色体验中心的目的绝对不是做好一块肥皂，而是希望孩子快乐，能体验各种不同的工作。但是，在具体的情境中，这位母亲因为一个小小的功利性目标——得到一块肥皂而忘记了之前的那个目标，忘了自己是带孩子来体验工作、感受成就感、获得快乐的。这样忘了目标或者行为与目标冲突的现象在家庭生活中比比皆是。本来是带孩子出来爬山旅游的，但孩子走得快一点都会被责备；本来是上兴趣班的，最后把孩子的兴趣全搞没了；本来是想通过比较激励孩子的，却不断数落孩子，反倒让孩子的自我认知很低。

所以，父母一定要首先想想：自己的家庭教育目标是什么？战略性目标是什么？现实性目标是什么？两者是什么关系？自己为战略性目标做了什么？很多具体日常决策和行为是不是和目标背道而驰？

角色维度

大部分父母都是非常爱孩子的，希望孩子能避免犯错误，能尽可能少地受挫折，能成长得健康、幸福、成功。为了这个目标，父母决定承担起培养孩子的重任，让孩子在自己的呵护和养育下顺利成长。父母除了要细化这一目标、理清战略性目标和现实性目标的差异后，还需要进一步思考在实现这些目标的过程中：“我扮演了什么角色？”“爸爸和妈妈的角色意味着什么？”“我的教育者角色和学校有什么不同？”

首先，每个父母的角色一定是随着孩子的成长而改变的。如果把成长比喻成一场足球赛，无论父母愿意或不愿意，都会经历这样的角色变化：在孩子刚出生到3岁以前，父母更像守门员，帮孩子抵挡各种飞来的球，守住健康的大门，这个时候孩子很听话，还没有自己扑球的能力；到孩子上了幼儿园、小学低年级，父母更像是一位教练，已经没有资格上场踢球了，要靠孩子自己，所以父母更多地是给予孩子指导和引领；而到了孩子上小学高年级或上初中时，父母更像是啦啦队员，指导和引领孩子都不太爱听了，只能做啦啦队员，在一旁鼓劲欢呼，而且时刻面临被年轻的啦啦队员替换的危险，因为那个时候孩子更在乎的是同伴的肯定；而到了孩子上高中，进入青春期后期时，父母只能做场内观众了，如果关系不好，可能连做观众的资格都没有，只能做场外观察员，很多信息依靠场内人员来传递。

在上一章，我们分析了孩子不同年龄段的特点，好的父母要学会跟随孩子的成长节奏，把握好自己在不同阶段所扮演的三种主要角色：引领者、陪伴者和跟随者。

引领者是指在孩子小时候，父母要以身作则教会孩子最基本的社会规则和社会礼仪，同时帮助孩子建立自救和自助的能力。在这个过程中，父母当然也需要陪伴和跟随孩子，但是引领起主要作用，引领孩子从自然人转变为社会人，引领孩子从弱小变得强大。

陪伴者是指在孩子小学和初中早期阶段，父母不再是权威型的指导员，更主要的角色是陪伴孩子成长，听听他们的想法，了解他们对世界的看法，允许他们用自己的方式处理问题，陪伴他们一起承担责任和享受好处。孩子是处理事情的主角和指挥官，父母是配合者。

跟随者是指在孩子上高中以后，或者青春期结束的时候，父母开始更信任孩子，跟随孩子的节奏来生活，当孩子不需要的时候，就在一旁等待。因为那个时候，孩子已经有了自己的观点和行为处事方式，他们的世界和父母接触的世界很不一样，父母只有放下权威的架子，愿意向孩子学习，愿意跟随他们进入他们的世界，融入他们的世界，用他们的视角看待问题，孩子才会愿意跟父母交流，才会更多地接受父母的意见。

在每个孩子的成长过程中，父母都在扮演引领者、陪伴者和跟随者的角色，但在孩子的不同成长时期，占主导的角色是不同的。父母只有处理好这种角色转变，和孩子的沟通才能顺畅。

除了在孩子的不同年龄段父母扮演的角色不同，爸爸的角色和妈妈的角色也是不同的。以前，中国文化中有“一个唱白脸，一个唱红脸”之说，这其实是一种民间智慧的结晶。弗洛姆在谈到爱的艺术时，强调孩子既需要无条件的爱，也需要有条件的爱，因此，家庭中应该有人扮演给予孩子无条件的爱的角色，接纳孩子，也要有人扮演给予孩子有条件的爱的角色，要求孩子表现好才能得到肯定。父母双方可以有角色分工或者自然取向。此外，家庭中需要有人提供物质支持，有人提供情感支持。在传统家庭中，基本上是爸爸提供物质支持，妈妈提供情感支持。而在现代家庭中，这种分工可以互换，也可以由双方共同承担，这也是父母的角色。我比较反对“丧偶式育儿”概念的泛化，一个提供物质支持但较少提供情感支持的父亲被看作“缺失”的，这是不公平的，因为物质支持也是父母角色的一部分。父母双方应该花时间理性地探讨一下角色分工，以及各自不同的角色期待。

最后，学校和家庭的角色也是不同的。我比较反对“好妈妈胜过好老师”“好老师像妈妈”这样的言论，因为老师的角色和父母的角色是不同的。老师承担的是集体生活中的规则教育，而父母承担的更多是个性教育；老师会有选拔人才的立场，但父母是对孩子的基本行为规范进行培养；老师必然会关注孩子当下的学业，但父母应该更关注孩子持续的品德素养发展；老师和孩子的情感互动要求低，但父母和孩子的情感互动要求高……老师的角色和父母的角色虽然有重合的部分，但差别是很大的。因此，千万不要一上小学，妈妈就不见了，多了很多老师，这对孩子来说太悲惨了，也不利于孩子的成长。父母的角度很多时候和老师是一致的，但是也有很多时候和老师是不同的。对此，父母需要进行认真思考。

关系维度

很多父母发现随着孩子年龄的增长，父母对孩子的影响力越来越弱了，“孩子越来越不听话了”。其实，这是一个非常正常的现象，因为孩子在成长的过程中会从寻求父母的关注和肯定拓展到寻求身边更多人，尤其是同伴的关注和肯定。

如果父母希望能对孩子保持影响力，需要考虑两点。第一，要保持亲子关系的和谐与紧密。孩子愿意听从父母的话，常常不是因为父母讲得多么有道理或者讲了很多，而是因为孩子和父母关系好，希望得到父母的肯定，所以才会听取父母的建议。但如果孩子从小和父母关系不是很亲密，那么到了青春期或者青春期之后，父母的话常常对孩子没有影响力。

这几年，我们都在强调父亲参与的重要性。这一方面是因为孩子的成长的确需要爸爸的参与，这对孩子有好处；另一方面也是从父亲利益的角度出发的。因为如果在孩子小时候没有建立起亲密的亲子关系，等到孩子进入青春期的时候，爸爸想跟孩子讲讲人生的道理，想要影响孩子，孩子根本不搭理，因为过去没有亲密互动的基础，父母和孩子之间并不产生天然的影响力。

而亲子关系的和谐又与同理心有紧密的关联。因此，父母在孩子遇到事情的时候首先要运用同理心来理解孩子。“非暴力沟通”等方式在某种意义上就是在教父母如何运用同理心来理解孩子的感受，能和孩子在同一战线战斗，而不是成为彼此的对手。

孩子如果有什么不开心的事，愿意到有同理心的父母那里去倾诉和寻求情感的支持。在此基础上，孩子才愿意听取父母的建议。父母如果没有同理心，遇到问题总是批评孩子，使得孩子遇到问题最后告诉的才是父母，那么父母能发挥的影响就很小。

第二，孩子到了一定年龄，比如说青春期以后，家长的建议是不是真的有效或实用也很重要，这非常考验父母的能力。如果孩子觉得父母（或者老师，或者其他人）很厉害，不管自己有什么问题，都能在他们那里找到解决方案，而且这些方案真的管用，那么孩子就会不断向他们寻求帮助。反之，如果父母只会说“上课认真听讲，不要开小差；你要认真做事，要谨小慎微；你要有大格局，要站得高看得远”这样“正确的废话”，孩子会觉得这些建议毫无用处。长此以往，孩子就养成了听父母说教“左耳进右耳出”的习惯。所以，父母能不能让孩子接受自己的解决方案、让他觉得合理，取决于父母的高度能不能跟得上孩子的成长，这挑战的是父母的眼界、学识和不断学习的能力。第六章讨论的“搭台阶”就是希望父母能真正有能力帮助孩子，让孩子信任父母。

从关系维度而言，父母要珍惜和孩子的关系，虽然它由天然的血缘纽带连接，但依然是需要用心经营的。同时，父母也要提醒自己，提出的建议要有有效性和可操作性，这样，父母和孩子的关系才不会随着孩子成长而变疏远。成为一个“学习型”的父母已经是时代的必然要求了。

解释风格维度

除了目标维度、角色维度、关系维度，还有一个维度，这一维度很容易被忽视，但又特别重要，那就是解释风格维度。父母都知道言传身教的重要性，但是言传身教除了父母有意识地给孩子树立榜样以外，他们日常的语言、态度、行为是如何诠释一件事情的，也对孩子影响特别大。很多时候，父母的语言和态度行为可能是相反的。比如外面打雷了，轰隆隆响，这时父母把孩子紧紧抱在怀里，说“哎呀，不要怕！不要怕！宝宝不要怕，雷声其实没有什么可怕的”。虽然父母希望通过语言的鼓励让孩子不惧怕雷声，但行为却都是在告诉孩子：打雷是件很可怕的事情，你看我要来安慰你，我要把你抱在怀里。这样的态度、行为和语言一起构成了父母的解释风格，会直接影响孩子对事情的认识。如果父母真的觉得打雷不可怕，那就没有必要采取特殊的行为去处理。

《孩子：挑战》一书中举了很多这种解释风格的问题。

3 岁的保罗要自己穿衣服，但妈妈着急要出门，觉得他穿得太慢了，就要帮他穿。妈妈是好心，可是当看到能干的妈妈给自己快速地穿衣服，而这个动作是自己要花上很长时间才能做到的，保罗就会感觉到很挫败，会放弃尝试，以后就让妈妈帮自己穿好了。慢慢地，保罗的自理能力就会变得很糟糕。父母用行动不断告诉孩子：你不行。

这样的例子在中国也比比皆是。

3岁的子涵很喜欢帮妈妈一起准备早餐，想要给每个人倒一杯牛奶。但是，他刚拿起牛奶盒子，妈妈就抢过牛奶盒，和蔼地说：“别动这个，亲爱的。你还不够大，我来倒牛奶，你可以摆餐巾纸。”结果子涵转身就走，不愿意和妈妈一起准备早餐了。子涵妈妈很不理解地说：我明明安排了活给他干，他为什么还要不开心？

其实，孩子天生具有巨大的勇气，想要做他觉得自己能做好的事，可我们成人用自己的行为告诉孩子：你无法胜任这个任务。于是，孩子就会丧失尝试的勇气和信心。当孩子在做一件对他来说有难度的事情，如果孩子做得很好，我们可以说“哇！这么难的事情，你也很小心翼翼地做到了”；如果孩子没有成功，我们可以说“没有关系，再试一次，你就能做得到”。你会发现，这才是真正的鼓励，这样行为和语言统一的解释风格才能真正激励孩子。

父母的解释风格对孩子的影响是非常大的，所以，父母需要经常反思一下：我的行为和态度在告诉孩子什么信息？我们一起来看两个残疾孩子的例子。有两个出生就残疾的孩子，两个孩子的父母也都认为要鼓励孩子自立自强，残疾虽然会影响生活，但不能决定命运。一个孩子的父母时时刻刻关注孩子，给予孩子及时的帮助、无微不至的照顾，也给了她很多的鼓励和肯定，但是孩子却越来越胆小，不敢走出家门；另一个孩子的父母并不给予这个孩子特殊的关注和照顾，也没有做特别的牺牲，对孩子遇到的困难也没有特别当回事，而是鼓励孩子自己解决，结果这个孩子的生活几乎和正常孩子没有区别。虽然父母的目标是一致的，但是前者父母的行为解释给孩子的信息是“你是弱者，你需要帮助”，而后者父母的行为解释给孩子的信息是“你是正常人，你可以自己解决”。不同的行为解释风格导致了不同的结果。

由于中国家庭把孩子看得比较重，密集母职又成了育儿的文化主流，所以，父母和祖父母都太关心孩子，他们的很多行为其实都在告诉孩子：你不行，你很弱，你需要我的帮助。这样的解释风格常常使得孩子失去自我发展的动力和信心。从解释风格的维度思考父母的定位是非常重要的。

做真实的父母

自从西方心理学的育儿理论涌进中国，突然就兴起了一股不能批评或惩罚孩子的热潮，似乎只有表扬孩子才能让孩子健康成长，而批评和惩罚一定是迫害孩子的。但是近几年，又兴起了不要“表扬”要“鼓励”的风潮，似乎表扬也是有问题的，搞得年轻的父母都不知道怎么办了，批评不行，表扬也不行，只能鼓励，但是专家又没有说明怎么鼓励，于是大家都不得不调侃自己：都是第一次做父母，不太会做。

而我的态度一直是不变的：要做真实的父母，表扬和惩罚都是需要的，但是不要虚伪的表扬，不要过度的惩罚。

在日常生活中，很多家长一半的时间用来纠错和讲道理，因为这是父母所理解的教育内涵，但是另一半时间又用来赞美和表扬孩子，因为他们学了一些育儿理论，认识到表扬的重要性。这些父母的纠错往往很具体，而表扬往往很抽象。长此以往，父母会发现无论纠错或表扬都不起作用。我在研究中发现造成这种情况最关键的因素是父母的表扬不真实，而且常常带有功利性的目的。

我并不反对表扬孩子，更不反对鼓励孩子，而且觉得如果父母能做到善于运用表扬和鼓励是很棒的。但是，我反对那种违心的、为了表扬而表扬的行为——明明这个事情孩子做得不怎么样，父母还去表扬。比如孩子随便画了一幅画，过来问你：“妈妈，妈妈，这幅画我画得好不好？”你说：“宝宝你真棒，你是画画天才！”这很容易导致孩子认知错误，以为自己真是天才，不需要努力就能做好，等到发现别人都不这么认为的时候，就不能承受了。

如果孩子有一定的判断能力，知道自己做得不好，结果家长还在肯定他说“你做得真棒”，那他会觉得妈妈一点都不理解自己，自己明明已经很弱了妈妈还在讽刺自己，他不仅不会受到鼓舞，还会觉得力不从心。

更糟糕的是，父母的表扬往往成为控制孩子的一个套路，孩子小的时候很吃这一套，但是慢慢长大就会发现父母的表扬都是很程式化的，而且背后常常跟着功利的目标，于是表扬就失去了作用。其实，孩子对于父母内心的想法和情绪有着很敏锐的感受。比如，父母和孩子讲“宝宝这个做得真棒，但是这样做的话就会更好一点”。小时候，孩子听到这样的话很高兴，可是时间长了，他发现父母的重点其实都落在“但是”上，前面的表扬只是个形式。于是，孩子会产生对父母的防备心理：你每次表扬我后面会不会有什么目的？孩子一旦看破父母的目的，那后面的教育就很难有效果了。

我经常和父母强调：请做真实的父母。当你真的觉得某件事情他做得很棒，再去表扬他，并且详细说明为什么你觉得好。你如果觉得没有那么好，也不需要批评他，只说你觉得还不错的点就可以了。第四章的“正面标签法”能让孩子知道自己做的哪一步是对的，同时也能保持继续努力的动力。

我儿子在 5 岁时根据老师的要求画了一幅画——美丽的草地，画完后，兴冲冲地拿给我看。我看了，觉得那个草地画得实在不怎么样，花朵也都歪歪扭扭的，但他画的那些雨滴还算比较均匀。于是我说：“这些雨滴很均匀啊，看上去是雨天的草地。”儿子一下把我视为知己，说：“我花了好多时间画雨滴，最后都没有时间画草地了。”

所以，父母不要为了鼓励而鼓励，为了赞扬而赞扬，而是要真实地把自己的部分想法有选择地告诉孩子。惩罚和表扬都是可以的，只要有具体的事实支持，你会发现孩子都是能接受的。孩子不能接受的是父母情绪性的话语，同样的事情，父母心情不错的时候说好，心情不好的时候说不行，这样会让孩子觉得很混乱，无助于他的进步。

除了表扬和惩罚要真实，父母也要学着把自己的真实感受告诉孩子。

桐桐是一个可爱活泼的9岁男孩，但喜欢“惹事生非”。在学校里，他总是惹惹这个同学，碰碰那个同学，和同学打打闹闹，经常被别的孩子告状说他打了他们。可是，每次回家，爸爸妈妈一批评他，他就委屈地说：“我没有打人呀！我就是想跟他们一起玩啊！”原本很生气的爸爸妈妈，每次听了桐桐的“辩解”就更加生气。他们也对桐桐进行了惩罚，可是完全不管用。爸爸妈妈也苦恼极了。

我的一位家庭教育指导师去帮助桐桐。这位指导师和桐桐以及他的爸爸妈妈一起玩了一些打闹游戏。在游戏的过程中，她发现桐桐在玩游戏时确实出手挺重，有两次她都吃到了他的重拳。可是，面对桐桐的重拳出击，爸爸妈妈的表现却出乎意料，他们不仅没有疼的表现，反而还挺开心的。

几轮游戏后，指导师带着疑惑询问桐桐的爸爸妈妈，他们说：“游戏的目的不是要让孩子开心吗？让他发泄一下情绪，疼两下也没事吧！”指导师突然明白了桐桐在学校把同学打疼的原因了。

为什么会出现这种情况？孩子为什么会认为自己没有打

人呢？因为孩子在跟父母交往的时候，和爸爸对打的时候，爸爸一点反应都没有，孩子根本不知道出手的轻重，觉得这样的出手很正常。所以，他到学校去也用同样的力量来打闹，也就不能理解别的孩子的反应了。

指导师告诉桐桐的爸爸妈妈："以后跟孩子玩的时候，如果他打你们的力度让你们觉得疼痛了，你们一定要真实地告诉他。你们要告诉他：'我本来是跟你闹着玩的，但你这个力度让我觉得很疼，这会让我生气。你能不能收回一些力度，否则我就不能跟你玩了。'同样，我们也可以用力还击孩子，让孩子知道我们的真实感受。"

桐桐的父母按照这个方法和桐桐玩了几次打闹游戏，慢慢地，桐桐开始知道什么叫"力度"，原来自己以为的轻轻一拳真的很疼呢。

桐桐后来慢慢改掉了打人的习惯。所以，父母要尊重自己的真实感受和想法。大部分时候，我们可以如实告诉孩子，这样孩子才可能有真实的感受、真实的想法。现在有很多所谓的育儿理论告诫父母要"不吼不叫"，因为现在打孩子的父母变少了，所以我们对父母的要求更高了，希望他们都保持情绪平和。但大部分父母都做不到，于是他们一边吼叫一边内疚，担心给孩子造成了心理阴影。

但我一直很奇怪：为什么父母不能发脾气？父母也是正常人，有情绪很正常。父母是很真实的，如果孩子做了父母不喜欢的事情，做父母的当然应该告诉他：我不满了。我真实的情绪是这样子的！情绪本身没有错，孩子的情绪没有错，父母的情绪也没有错。父母吼孩子也不一定会给孩子带来心理阴影，因为负面情绪也是孩子必须学会面对的。孩子将来走上社会，总是会遇到情绪失控的人，如何在别人情绪失控的时候保护好自己，也是孩子要学习的。

我并不鼓励吼叫，但也不觉得父母需要永远戴着情绪平和的面具。父母应该做的是：反省为什么在这一刻自己会吼叫。找出吼叫背后自身的恐惧或担心，把这些问题真正解决掉，才能做到真的情绪平和，而不是用虚伪的深呼吸来维持情绪平和的形象。有时候，一个愤怒却不吼叫的眼神也是可以杀死人的。父母坦诚地告诉孩子为什么自己生气了，生气的点在哪里，其实是有助于问题解决的。

父母可以真实地表现自己的情绪，但是，需要坚守情绪表达的三不原则：不伤害自己，不伤害他人，不损害公共物品。真实的父母是有血有肉有缺点的，也因为真实而显得可爱。

我们都知道犹太人的家庭教育很好，犹太人就特别重视“真实”。2017 年我去参观以色列耶路撒冷高档社区的一个幼儿园，发现这个幼儿园的孩子上午的活动主要是到社区里去走街边沿，排着队，很有序；然后，再去一个垃圾场，这个垃圾场有各种回收的家具，孩子们就在垃圾堆上面玩；回来后，孩子们在幼儿园内部的沙地里玩，沙地里有各种塑料和铁质的锅碗瓢盆，根本没有五颜六色的沙滩玩具。

我非常吃惊，和幼儿园的资深老师、希伯来大学的教育学者进行了探讨。他们分享了欧洲近期的教育理念，认为教育本身是为生活服务的，儿童的生活也要真实：如果让孩子玩各种五颜六色的玩具，那么日常生活的色彩就很难打动孩子；如果你用各种炫目的玩具刺激孩子，那么孩子对日常活动就没有兴趣。他们做了关于厨房玩具的研究，发现喜欢玩厨房玩具的孩子对真正的厨房是没有兴趣的；而孩子熟悉沙地里的锅碗瓢盆以后，对真正的厨房没有畏惧心理，能做得更好。他们还批评了美国的消费文化对孩子世界的破坏，认为美国孩子之所以沉迷于游戏，就是因为从小到大各种鲜艳颜色对孩子的刺激和玩具的经常更换导致孩子没有坚持做事情的毅力。

我没有深入研究欧洲和美国的育儿哲学差异，从我可见的个案来看，欧洲和美国都有五颜六色的幼儿园，也都有朴素的幼儿园。但是，以色列幼儿园的“真实”逻辑很打动我。从目前中国的情况来看，我们有时候的确把孩子的世界包装得太五颜六色，太新奇不断；父母的教育方式也被要求得更为夸张，从而导致孩子对日常生活没有兴趣，父母也表演得很累。一个虚假的世界很难培养出想要改变生活的人才。所以，今天倡导做真实的父母，还是很有必要的。

合作育儿模式

过去，我们养育孩子常用“拉扯大”这样的词汇，孩子的健康成长被看作再自然不过的事情，父母吃饭的时候关注一下孩子就可以了，孩子和其他孩子一起长大，在自然中长大，在不被成人密切关注的世界里长大。但是，今天的育儿文化发生了巨大的变化，孩子的健康成长成了一件父母要用尽心思、精力和金钱的事情，做父母成为一件如此令人焦虑、如此压力巨大、如此精细烦琐的事情。父母的力不从心感非常普遍。

要解决父母的焦虑和压力，仅仅教导父母如何正确行事并不够，尤其是在社会快速发展、年轻父母都有工作的情况下。我们必须重新认识到，一个孩子长大并不是一个人或两个人能完成的，无论是过去、现在，还是未来，育儿都需要父母、祖父母、学校、社区等资源体系共同参与才能完成。所以，强调合作育儿模式非常必要，这也是未来精细化育儿的必然特征。

首先，孩子成长需要社会文化和社区体系的支持。社会为孩子发展提供足够的活动空间、教育资源、与同伴交往的场合、良好的媒体环境、政策法律的保护等，这些方面对儿童的成长非常重要。

其次，孩子成长需要学校提供社会化和教育的资源和支持，学校也是孩子成长的重要空间和环境。学校和家庭既有共性，也有差异，学校偏重集体化教育，家庭偏重个性化教育。家校互动的良性运行是保障孩子健康成长的必要条件。

最后，孩子成长过程中最紧密的合作是家庭内部的合作，主要是父母和祖父母之间的合作。在中国历史上，长期的理想家庭模式是“四代同堂”，虽然这一理想模式因为寿命长度的问题很难实现，但是三代同居是最主要的家庭结构，孩子在成长的过程中同时接受来自父母和祖父母的养育是最为常见的模式。因此，可以说，中国一直以来的育儿模式都是代际之间紧密合作。到了现代社会，虽然三代同住的比例有所下降，但我在《谁在你家》一书中指出："一碗汤、两扇门"是最理想的家庭结构模式，代际之间依然存在非常紧密的合作，尤其是在养育孩子方面。上海一项有关 80 后的研究发现，当今的祖父母每天都参与孙辈养育的比例超过 70%。可见，在中国城市中，两代合作育儿是非常普遍的，这背后既有祖父母需要享受天伦之乐和养老援助的要求，也有年轻人工作繁忙、时间安排紧张的现实需要。

但由于西方育儿理论的涌入（西方家庭是核心家庭模式，代际关系相对松散独立，因此祖父母协助育儿是非常特殊的情况），隔代育儿变成了一个负面词汇，老人变成了溺爱孩子的代表，而年轻一代一方面无法做到自己独立带娃，另一方面又非常不信任自己的父母。所以，虽然大部分年轻夫妇都需要老人协助育儿，但老人的育儿方式又是年轻人不认可的。年轻夫妇希望老人能用自己学习和理解的"科学育儿"来带孩子，但老人有自己的习惯和认识，二者往往并不一致，因此，本来是支持体系的合作育儿体系变成了家庭的冲突体系。

老人和年轻人本来就存在代际文化的冲突，在养育孩子方面，不同代际的人向来是不同的，如果不思考代际合作的方式，那么引发的不仅仅是家庭冲突，还有孩子钻空子、要小聪明等问题。无论是年轻一代还是年老一代，想要改变彼此都是非常困难的，这几乎是一项不可能完成的任务。

因此，在定位父母角色的时候，也必须考虑祖父母的角色，考虑合作育儿的模式。我建议的模式是“责权利一致”。一般来说，交出抚养权就等于交出教育权。比如大部分的年轻夫妇把喂养孩子的责任给了老人，那么也应该相应地给予老人喂养的权利。

我经常看到的情况是，年轻父母虽然非常依赖老人对孩子的照顾，但又觉得老人的方式非常“落伍”，因此，给了老人带孩子的责任，却希望老人完全按照自己的“先进”理念来做，剥夺了老人自主的权利，并且经常在孩子面前不经意地流露出“老人不行”“老人不对”的想法，导致老人在孩子面前失去了权威。失去权威的老人常常通过完全听从孩子或者更严厉地对待孩子来避免冲突，从而导致了教育的恶性循环。

有时候，不一定是居住在一起才是合作育儿，很多时候，祖父母也会承担某个阶段的育儿责任，这也是合作的一种方式。

在《谁在你家》的新书展上，一位观众向我提问，并讲了他家孩子的问题。孩子在三岁以前都住在老家（某省的三线城市），由祖父母带；到了上幼儿园阶段，孩子回到上海。但是父母发现孩子有很多非常不好的习惯，在幼儿园也表现得不那么好，于是父母比较焦虑，很想改变孩子。但是经过一年多的努力，孩子不仅没有把习惯改好，而且越来越沉默、不自信，现在甚至已经表现出叛逆，不理睬父母的教导。

对此，我的回答是：“你家孩子真是个有孝心的孩子。他记得爷爷奶奶对他的养育恩情，记得爷爷奶奶给他的教导，记得要维护自己所爱的人的利益。”

年轻父母在否定孩子各种习惯的时候，一定会流露出对祖父母的不满，但是对孩子来说，这是他过去最亲密的家人，他虽然不会用语言理性表达，但会本能地维护自己所爱之人的利益。而父母对他来说是陌生人，陌生人突然出现，否定自己，否定自己的亲人，他肯定不接受。

我给这对夫妇的建议是：找孩子做得好的地方，多看到孩子的优点，等到你和孩子的亲密关系已经建立得很牢固，影响力已经超过祖父母，再考虑改变孩子的习惯。

这样的事例非常普遍，小时候由祖父母带的孩子回到自己父母身边总要有一个重建感情关系的过程，但是父母总是太着急，希望快速把孩子塑造成自己理想中的孩子，而不是与孩子首先建立情感连接，感谢过去父母的帮助。于是，这样的孩子总是越来越叛逆。

无论是否居住在一起，年轻的父母在和祖父母合作育儿的过程中需要做三件事情。

首先，分工明确，权责利统一。每个家庭成员负责不同的任务，对自己的任务承担责任也拥有权利。比如在我们家，我妈妈负责孩子的喂养，我基本就不干涉她喂饭，这是她的责任，她拥有决定如何做的权利。但是，陪伴孩子学习是我的责任，我不得不每天花时间完成老师布置给家长的任务，也承担孩子学习成绩好坏的压力，但同时也享有决定如何陪伴的权利。

其次，当有冲突的时候，比如特别看不惯祖父母教育孩子的某些方式，年轻父母有两种选择：第一种选择，改变分工，自己来承担这个任务；第二种选择，不干涉，感谢父母的付出，同时寻找激励老人的方法，去肯定他们，让他们很愿意往你希望的方向走。如果想批评或者指导老人怎么做，想要改变老人，那注定会失望。

最后，努力让自己的影响力超过老人，让孩子更愿意听自己的。这样，孩子在遇到问题的时候，更愿意向你求助，更愿意接受你的暗示。让自己变得更加有影响力是年轻父母掌握育儿话语权的唯一方式，这一目标不是通过指责老人来达成的。

做到这三点，合作育儿体系就变成了育儿的支持体系，否则就成了冲突的源泉。

本章重点

今天，做父母真的非常不容易。一方面，社会的快速变迁使得传统社会中父母拥有的权威不再那么大了，“棍棒底下出孝子”等观念已经没有合法性；另一方面，当我们使用西方育儿理论的时候，又出现了水土不服，不同的文化和育儿要求，使得“和善而坚定”的要求成了父母内疚的原因。再加上目前流行的密集母职育儿文化逼迫着妈妈都成为“超级辣妈”，这些给父母带来了很大的焦虑和压力，也压缩了孩子的成长空间。

好学的父母们在这样的困境中，发出了“道理我都懂，但还是做不好”的心声。走出困境的方法是：父母需要提升目标、角色、关系和解释风格四个维度的能力，理清战略性目标和现实性目标之间的关系，随着孩子年龄的变化不断调整自己的角色定位，把亲子关系和谐放在最重要的位置，在言传身教的同时反省一下自己的解释风格给孩子传达了什么样的信息。

在这个过程中，父母要做到真实，做真实的父母，真实地表达自己的情绪，诚实地与孩子一起商讨问题，给孩子营造一个客观的成长环境。

育儿并非妈妈一个人的事，爸爸、老人、学校都是妈妈很重要的合作伙伴，要整合资源，让每个角色都发挥自己应有的作用，这样才能把育儿这件事做到事半功倍。

小贴士

当孩子遇到问题的时候，问问自己：我培养孩子的最终目标是什么？这个问题和目标是什么关系？我应该在此时此刻扮演什么角色？

04

小红花：
正面标签贴哪里？

父母们都习惯把纠错作为一种主要的教育方式，在被要求减少纠错的时候，常常会疑惑：如果不纠错，那应该怎么办？在日常生活中，应该如何和孩子沟通才能让他们成长得健康、顺利呢？这一章我们介绍“正面标签法”，通过贴正面标签给孩子持续的成就感，给孩子搭好成长的台阶，让孩子一步步往上走。

欣赏，创造奇迹

我们在生活中常常会听到这样的奇迹故事：某个孩子一直成绩平平，突然在初中或高中某一年开始自觉地努力学习，然后成绩突飞猛进，最后考上了一所理想的大学。家长们都觉得这是一个奇迹、一个意外，可遇而不可求。但是，我在研究中却发现，这样的意外常常有一个共性，孩子身边都出现了一个“贵人”，这个“贵人”可能是孩子某个学科新换的老师，也可能是班主任，还可能是孩子身边经常出现的任何一个人。这些“贵人”虽然身份不同，但常常有一个共同之处：真心地欣赏这个孩子，给了孩子特殊而持续的肯定和鼓励，也给了孩子一些方法，然后孩子就发生了质的变化。

这样的“贵人”，其出现的确可遇而不可求，有偶然性。所以，我们很难把希望寄托在“贵人”身上，最靠谱的做法是父母自己成为孩子的“贵人”，给予孩子持续的肯定和鼓励。

很多父母看了很多育儿文章，充分认识到了表扬的重要性，也很注意表扬孩子，但是他们抱怨说“表扬”这一招在孩子小的时候还管用，孩子大一点就没用了，也没有看到奇迹发生。

我们在研究中发现，家长常常只是在口头上表扬孩子，但是在内心深处，并不真正欣赏孩子，也并不信任孩子能够自己成长得很好，所以，表扬非常功利、流于形式。而那些“贵人”恰恰是从内心欣赏孩子，并相信孩子自己能成功，这是一种信任的力量，是真正触发奇迹的关键。

家长都很爱孩子，但是爱并不一定带来信任和欣赏，甚至因为太爱了，反倒有很多担心，希望孩子的发展能一帆风顺。所以，家长看到的都是孩子身上的缺陷，想要去除这些缺陷，于是就形成了本书一开始就谈到的纠错模式，而这种模式完全不能让孩子感觉到被欣赏，只会让孩子感受到挑剔和制约。

真正的欣赏一定是内外统一的，你真的从内心认可孩子，然后再表达出来，这样真实的持续的力量才有作用。而要让家长真心认可孩子，就必须改变父母的一个观点：孩子有优缺点，减少孩子的缺点，增加孩子的优点，孩子才能发展得很好。但是，什么是优点，什么是缺点呢？

我们在这里要提出一个非常重要的认知：人其实没有优点、

缺点，只有特点！特点发生在父母欣赏的领域中就成了优点，发生在父母不欣赏的领域中就成了缺点。

父母只有改变自己比较孩子优缺点的眼光，改变自己的认知，把孩子的优点和缺点都看成孩子的特点，才能真正做到持续欣赏自己的孩子，从而让奇迹发生。

这里我们不断强调“真实”和“持续”两个词，因为在为人父母的岁月中，我们总能表演出表扬，甚至很多父母认为自己已经表扬得足够多了。然而，我们如果没有改变认知，把孩子看成有自己特点的独特个体，那么做到真实和持续就非常困难。我们常常在孩子小的时候觉得孩子很好，等到孩子上学，学习成绩不那么理想、学习态度没有期望的好的时候，欣赏就变得越来越难了。

所以，还是让我们首先从孩子没有优缺点，只有特点谈起吧。

孩子没有永远的优缺点，只有特点

让我从一个朋友的故事开始讲起。

瑞瑞妈妈是一名小学美术老师，瑞瑞是一个很可爱的喜欢画画的大男孩。在瑞瑞上四年级的时候，瑞瑞妈妈向我请教：如何能提高孩子的情商？她讲了一个非常具体的困惑。瑞瑞所在的班级，班主任比较严格。孩子在课间很开心地玩，快上课的时候，只要从窗那边看到老师快要进来了，就必须马上坐端正，否则老师会很生气。但是瑞瑞不同，每次老师从窗边走过，瑞瑞都不能发现，而且就算别人都马上安静下来，他依然会很兴奋地继续前面的吵闹，经常被老师逮住。几次下来，老师就觉得孩子在挑战他的权威，于是就找了瑞瑞妈妈来沟通。虽然都是同事，但班主任还是很严肃地指出：瑞瑞情商很低，喜欢挑战权威，如果不管教的话，以后人际关系会有问题，事业发展也会受影响。

瑞瑞妈妈觉得老师讲得很有道理，因此很焦虑。她和瑞瑞谈了好几次，把道理都讲了，瑞瑞也表示听懂了这些道理，也愿意去改变，但是却收效甚微，他还是经常看不到老师进来，还是不能马上坐好。

我没有马上给瑞瑞妈妈答案，而是问她：“如果你的孩子在画画，你从旁边走过，他会不会马上反应妈妈走过来了？”

瑞瑞妈妈说：“不会，他沉浸在画画中，一般不理睬我。”

我再问：“你希望他一边画画一边关注你从旁边走过吗？”

瑞瑞妈妈马上回答：“不希望。画画一定要专注！”

我说：“是的，因为你从小培养孩子画画，所以他的专注力比一般的孩子都要强很多。他画画的时候很专注，没注意到谁走过，他玩的时候也是一样的，也很难注意到谁走过。这是孩子专注力强的一种表现，你希望改变他这个特点吗？”

瑞瑞妈妈再次说："那不行。"

当孩子画画的时候专注是认真的表现，是一个优点；但是玩的时候没有留意到身边的人，专注就成了情商低的表现，是一个缺点。其实，这都只是孩子的一个特点，但是放在不同的语境中，大人的评价体系就变了。

最后，我给了她一个具体办法：不要再纠结孩子的情商问题了，而是想想在这种情况下，如何能让孩子从专注中出来。比如：请老师在看到孩子还在玩闹的时候拍拍他的肩膀，打断他的注意力；在家里，让孩子演练被一拍肩膀，无论在哪种情绪中，都马上用标准姿势坐好，即使脸还在笑、情绪还在刚刚的玩闹中。这样，老师就不会觉得孩子是在挑战权威，也不会认为孩子的学习态度不好，只是孩子从一件事情中出来换到另一件事情中，需要更长的时间而已。

过了一阵，瑞瑞妈妈告诉我，这个方法很有效地解决了问题。

在这个故事中，我其实就是在改变瑞瑞妈妈对优点、缺点的看法，把孩子情商低的负面标签取下来，让她看到一个有专注力强特点的孩子，从而找到适合这个孩子特点的解决方法。

其实，任何一种性格特点都像一枚硬币，总有两面性：有主见，可能会"果断"，也可能会"武断"；关注自我，可能会"自强"，也可能会"自恋"；不拘泥于细节，可能是"粗心"，也可能是“有大局观”……所以，一个特点在不同的语境里、在不同的评价体系中就会变成优点或缺点。

同样的特质在不同的语境看起来是不一样的

比如，一个孩子一道题目做不出来，他说：妈，我今天一定要把这个题目攻克了。父母听了都很高兴：哇，孩子好执着啊！同样，如果这个孩子在玩游戏，说：妈，我今天一定要打过这一关。父母听了会很生气：这孩子网络成瘾啊！

实际上，这是孩子的同一个特点发生在不同的场景中。当它发生在你欣赏的语境时就是优点，发生在你不欣赏的语境时就是缺点。

对孩子来说，如果父母没有看到他的特点，有时候表扬有时候批评，会让他觉得很混乱，不知道怎么做才是好的。

孩子很勇敢，在攀岩的时候努力往上爬，父母表扬他，因为有绳子的保护很安全；而孩子爬山的时候跑得很快，父母会说“慢一点，不要那么鲁莽”。孩子并不知道父母评价的主要根据是自己身后有没有绳子，他不明白父母到底欣赏还是不欣赏他的这个特点，不仅糊涂了，还没有自信了。

如果家长、老师盯着孩子的缺点，还要改变这个缺点，那很多时候会把孩子的优点也一起改没了，因为孩子会失去他的这个特点。这样做也会导致孩子的迷茫和不自信。

在未来的智能时代，一个人有没有特点将成为影响成功与否的一个因素，没有特点会成为平庸的代名词，这一趋势现在就已经体现出来了。比如，华晨宇的表演经常很鬼魅，一开始有很多人批评他，但是经过5年他都没有改变。华晨宇说：“我不想做没有缺点的‘僵尸’，宁愿做活生生的人。”于是，他逐渐形成了自己的风格，受到越来越多人的肯定，曾经批评的声音也变成了欣赏的肯定。所以，寻找自己的特点、发展自己的特点是一个人在未来社会找到自己不可替代性的有效途径。

平和而明智的家长一定会学着欣赏孩子的特点，尽可能地鼓励孩子的特点在好的场景中发生，这样孩子才会越来越自信，才会发挥自己的特点，才能在未来找到自己的成才之路。

只有看到孩子的特点，才能做到真心欣赏，才能不带成见地观察孩子，才能对孩子保持同理心，站在孩子的立场上看世界。当然，父母总是希望孩子能表现得符合社会的评价，那么如何在保持孩子特点的前提下，让孩子的特点在好的一面多发挥呢？这就用到了我们优势累积教育法中非常有效的正面标签法。

什么是正面标签

优势累积教育法中改变纠错教育的最重要的工具之一就是正面标签法：对孩子可复制的正确行为进行肯定。父母们不要对孩子的特点做太多的价值判断，尽量少给孩子贴本质属性的负面标签，比如愚笨、粗心、鲁莽等，要有一双能发现孩子特点和进步的眼睛，对孩子在实现某一目标的过程中那些正确、可复制的行为进行肯定，从而让孩子明确知道自己做对了什么，不断累积正确的行为，体验成就感，顺利成长。

比如，我们看到 3 岁的小朋友拿着大杯子喝水，很多家长因为担心孩子拿不稳杯子会给孩子换小杯子，或者帮助他拿着大杯子喝水。这样的行为无形中就剥夺了孩子学习成长的机会，而且还让孩子觉得自己比较差、能力不行。

父母如果用正面标签法，会说：“哇！我发现你自己拿杯子，学会了两只手捧杯子，这样杯子捧得很稳，做得很好！”这个时候，孩子就知道了，原来两只手捧大杯子是正确做法，会觉得自己很厉害，以后拿大杯子他就知道怎么做了。单纯的批评或不允许对孩子的引导效果并不好，因为大部分时候，孩子即使知道自己错了，也并不知道对的行为是什么样的，父母所认可的行为是什么样的。因此，贴正面标签、对正确行为进行肯定，让孩子明确了做对事情的方法，能走在正确的道路上。

正面标签法说起来简单，但是在实际操作过程中，也有不少要点需要注意。

首先，在贴正面标签的时候，这个标签始终是贴在过程中的，而不是贴在结果上，因为结果是很难复制的。比如，孩子考了一次一百分，但是下一次怎么考一百分他是不知道的，所以他不见得能够重复这个结果，但过程是可以重复的，所以所有的标签都是贴在过程中的。

如果你看到他做某件事的结果很好，很高兴，想表扬他，那请记得你只要表达自己的情绪就好了。比如孩子这次考试考得很好，你可以说“哇！你这次考得很好，让妈妈很有面子，妈妈觉得非常高兴”。这就是一个很得当的表达，也足够了。实际上，孩子下次不见得能够考得很好，因此所谓的关注一定是在过程中的，我们要看到孩子在什么地方做得好，然后去肯定他，这样才能够使得这个结果以后不断重复。

比如我们看到孩子考前复习非常认真，把所有错题都重新做了一遍，觉得这件事情可能跟这次考得好很有关系，那就把这个标签用明确的语言或方式表达出来，把这个点固定下来。这实际上就是我们在帮孩子找出如何取得好结果的过程。这个所谓的过程就是那些使得他获得好结果的关键节点，我们把它们找出来，去肯定它们，让孩子去重复，不断累积成功的经验。

正面标签法的第二个要点就是对可复制的正确行为进行肯定。这里面有三个关键词。

第一个关键词是“可复制”。比如这次考试，学的 10 首古诗孩子就背了 1 首，结果刚好考到了，他运气很好，考得不错。他很高兴，回来跟你说：“妈，这次考试正好考到了我背的那首古诗，我考得很好。”这个时候，我们表达情绪就可以了：“哇！我觉得你运气真好！”我们不需要批评他，但是也不能太鼓励他，因为这件事是不可复制的，你怎么能保证他的运气每次都这么好呢？

可复制就是说他可以重复去做，并且这件事情对他来讲没有难度。比如我们刚刚讲到的例子，考试之前他把以前错的题目重新做了一遍，这是他下次也可以做的，这就叫可复制。

第二个关键词是“正确行为”，这取决于家长的眼界。其实，我们讲的所有方法都是跟家长本身的能力相关的，家长如果没有一定的能力，那再好的方法实行起来也比较吃力。而这里所说的“正确行为”，就是那些与好的结果有直接或间接联系的行为，或者这个行为本身就非常重要，那我们就需要对这些行为进行肯定。

我儿子上二年级的时候，有一次得到了英语老师的表扬，老师说他最近英语有进步。于是，我去跟他分析：“为什么最近你英语有进步呢？你从零基础起步，做到这一点是很不容易的！”

他自己总结说：“妈妈，可能是因为我用了一个配音软件，我觉得我每天都跟着配音，效果很好！”

这个时候，我就会去肯定他：“哇，真的！我觉得你能够坚持每天配音，是很不容易的！我设好闹钟，你就能坐下来打开平板电脑跟着软件学，妈妈觉得你很棒！所以你看，这个效果很好，老师都表扬你了！”

我不是简单地表扬孩子，而是把孩子在过程中的具体的正确行为总结出来，这样孩子就会明确地知道哪些行为是对的，然后不断重复。

第三个关键词是“肯定”，这个“肯定”并不一定只有表扬，或者夸张地说“哇！好棒，好棒”。你只需要看到这个行为，然后告诉孩子你很认可这个行为就行了，肯定的语言有时候不需要很夸张。

比如孩子学弹钢琴，父母在陪练的时候常常急着把错误指出来，但孩子被批评得越多就越急躁，到最后都不想练琴了。正确的做法是父母能找出孩子做得对的地方，把这些细节指出来，告诉孩子自己看到了他做得对的地方，觉得他能完成很多技巧，从而让孩子有一定的成就感，对弹琴保持兴趣。尤其是在孩子一直做错某个动作，突然做对的时候，如果此时父母有一双敏锐的眼睛能看到并指出来，对孩子了解自己学习的正确方向非常有好处。

所以，正面标签法要求很具体，要用事实说话，传递的信息是：父母看到了孩子的正确行为，看到了孩子的努力，看到了孩子的进步。

正面标签法的内容是方方面面的，一旦我们针对正确行为给予孩子肯定，会发现孩子后面就容易做了。至于如何确定这些正确行为，就需要我们家长不断提高自己的能力了。正确行为是没有标准答案的，取决于你的高度和认识，你的眼光越锐利，就越能发现孩子的正确行为，孩子成长得更快。如果你找不到孩子的正确行为，可能是因为你不欣赏孩子。

所以，父母要改变看孩子的眼光，把对孩子缺点、优点的评判放在一边，把关注点放在对孩子正确的可复制的行为进行肯定上，把过程中孩子做得好的地方固定下来，这样才能让孩子更好地发展。

正面标签法的操作性工具

正面标签法是非常有效的教育方法，从一开始刻意使用到最后成为习惯，你会发现孩子无论处在何种情况下，都能快速找到问题的关键，也能快速恢复信心。而且，孩子也能从父母身上学会贴正面标签，给自己贴，也给别人贴。

但是，对习惯于纠错的父母来说，偶尔给孩子贴个正面标签容易，要坚持却很难。而正面标签法能发挥作用的前提是经常贴、反复贴，这样才能让正能量真正流动起来。

为了让父母更好地运用正面标签法，我们除了要求父母有一双能发现"正确"的眼睛和表达愿意以外，这里还有一些操作性工具也能帮家长更好地运用正面标签法。

1. 转化句式：先讲问题，"但是"后面跟肯定

很多父母喜欢对孩子先表扬后批评，因为要强调需要改正的地方；或者知道要多鼓励孩子，但是有时候实在忍不住要批评。这样的父母在注意的时候会想到给孩子贴正面标签，但是不注意的时候就会忘了给孩子贴正面标签，而是按照习惯表达，最后的结果依然是给孩子的批评比肯定多。

为了把给孩子贴正面标签变成习惯，你在依然觉得需要指出孩子错误或批评孩子的时候，可以转换句式来说话：过去是先讲优点，然后一个"但是"转折到需要指出或批评的方面；现在，试试先说批评的内容，然后加一个"但是"转折，转折到值得肯定的地方。比如，对于孩子的考试，你过去会说"你虽然考得不错，但是有一些不该丢的分数"，现在不妨改为"你虽然丢了一些不该丢的分数，但总体还是考得不错的"。

在还没有习惯用正面标签的时候，你可以强迫自己在每次批评孩子以后，找到孩子一个可以肯定的地方，用"但是"转折出来。

比如孩子跟着你出门，谁都不理睬，完全不和别人打招呼，你当然心情不好会批评他，但在批评结束的时候，一定记得要用一个“但是”来转折：“你一个人都不理，大家……但是，当某某问你问题的时候，你还是回答了问题，我觉得这还不错。”

我们都知道“但是”后面是重点，如果先讲优点，然后一个“但是”转折到缺点，孩子会觉得父母前面的表扬都是烟雾弹，目的就是批评，所以那些表扬是没有意义的。而在批评后面跟肯定，孩子虽然听到了批评的内容，但因为后面有肯定，会觉得父母还是看到了自己的优点，对立的情绪会缓解，对“但是”前后的内容都能吸收得更好。

所以，在还不能给孩子习惯性贴正面标签的时候，父母不妨先用这个小工具，在每次指责孩子的时候，最后加一个“但是”的转折，这个“但是”后面跟的一定是肯定的内容。

2. 书面写进步

父母如果觉得语言表达不太容易，或者有时候没有机会用语言表达，那不妨试试书面给孩子贴正面标签。比如，我就经常给儿子在家校互动时贴正面标签。

我儿子字写得很烂，烂到我觉得如果我是他的老师肯定会受不了，所以我觉得他的字已经是大家忍耐的极限了。于是，我开始观察我儿子的写字过程，尽量找些可复制的正确行为来进行肯定，并把这些肯定写在儿子的写字本后面。比如：我第一天写“虽然我儿子字写得不好，但是当我指出他写得特别不好的几个字的时候，他愿意擦掉重写”；过了两天，我又写“今天，儿子主动要求擦掉一些字重写”；过几天，我又写“他今天很快并且独立地完成写字练习”……

有意思的是，老师在家长会的时候特别表扬了我，觉得我这个妈妈很用心。儿子虽然字写得依旧不算好，但是愿意不断去努力改进，也没有太大的反抗情绪。要知道我们在家校互动本上留言，除了老师，孩子也是能看到的。

过了一阵子，儿子主动提出来要去练字了。

我当时的出发点仅仅是因为知道孩子的手腕力量没有发展起来，不太可能一下子写好字，想通过贴正面标签让老师不要那么反感孩子，没想到有了意外的收获。我的一个学员听了我的讲课，也用了书面贴正面标签的方法，效果更好。以下是这位妈妈在我们分享会上的自述。

我是一位新妈妈，第一次见到这个女儿的时候，她刚升小学二年级。（是的，我就是大家口中的“后妈”。）

我对做妈妈毫无经验，更何况初遇她时，她是这样的：

开学的第一周，我和孩子爸爸被她的语文老师、数学老师、英语老师召见了，因为孩子不想上学。

她会用橡皮把作业记录擦掉，你根本不知道她的作业情况；数学口算只有四十分；英语听写每次十个单词会错八个……

如果你让她在规定时间里做作业，她就会哭，号啕大哭，又吵又闹，哭到嗓子都哑了……然后就去找自己的妈妈。

用她自己的话说就是：“我觉得在学校没人跟我玩，也没人看得上我。”（当然，这是很久以后她跟我说的。）

面对孩子那样的状态，我和孩子爸爸产生了很严重的焦虑。

她爸爸会说“今天你不做完这个作业，我就不让你睡觉，随便你做到几点”，或者气急了就打孩子一顿。打完了，孩子就去找她妈妈了。

总之那段时间，我们的家庭生活特别压抑，每个人都觉得心特别累。

我意识到我需要去系统地学习。于是，我就跟随沈老师，学了优势累积教育法。

半年后……

她每天都会主动跑过来让我检查语文作业，还让我去晒个朋友圈，晒到班级群里；数学口算考试能考全班的第八九名；对于英语，她总是说“你看，我们小组的组员都是我抽背的，我是组长啊”，因为她是小组里最好的。

之所以发生这样巨大的改变，我觉得最关键的就是我用了沈老师教的独门绝技——贴正面标签。贴正面标签和一般的赞扬、鼓励不一样，它强调看见孩子的优点，并表达出来。但是，因为我的特殊身份，孩子一开始完全不愿意和我沟通，所以我连贴正面标签的机会都没有，不得不寻求别的途径。

上海的小学可能都有一本家校联系手册，大多数孩子的这本册子都是空白的。我就充分利用这本家校联系手册，给孩子贴正面标签。

每天，我会详细记录孩子的作业情况。比如：今天背了一首古诗，古诗背得非常流利，还能简单了解古诗的含义；今天背了5个单词，还能把3个单词正确拼写出来……包括她在品质方面有什么进步，我都会记录下来，写得特别详细。

这本册子也得到了老师的回应。老师经常在联系手册中回复：“你最近进步好大！”“很开心看到你的进步！”“今天在课堂上又发言了！”……

这本册子让她的自我价值感得到提升，孩子变得愿意学习了。最重要的是，在我坚持了一个月以后，孩子愿意和我沟通了，甚至有的时候会特意告诉我她今天做了什么好事。改变就在不知不觉中，一点点地发生了。

我觉得贴正面标签是让这个奇迹发生的关键。

这位学员因为特殊的原因，无法很好地用语言来贴正面标签，不得不书面表达，结果有了意外的收获。很多学员，由于孩子进入青春期，不愿意和父母沟通，连贴正面标签的机会都没有，那么利用学校要求父母签字的机会，或者其他的书面机会来贴正面标签，则不失为一个破冰的方法。

书面贴正面标签如果能坚持做，常常会收到意想不到的效果。所以，父母如果不习惯语言表达，可以采用书面贴正面标签的方式。

3. 充分利用网络点赞，接受外人的赞美

互联网也是一个贴正面标签的好地方，很多父母喜欢在朋友圈晒娃，这真的是一个好习惯，一方面可以记录孩子的成长，另一方面也可以给孩子贴正面标签，促进孩子成长，而且这个正面标签还能贴得图文并茂。我们再分享一个使用优势累积教育法学员的经历。

海燕的女儿今年上三年级，再过一个学期就要面临书法等级考试了。可是，她女儿毛笔字写得一点都不好看，而且孩子也没有动力去写毛笔字。海燕就严格地督促孩子，要求孩子每天写完作业必须写一张毛笔字，并且及时指出女儿写得不足的地方，让她继续练习。这样，时间一长，小姑娘的抵触心理也越来越严重。

学习了优势累积教育法以后，海燕就改变了自己的策略。

她开始经常在朋友圈里晒女儿练字的照片，不管孩子写得是否令人满意，她都重点指出女儿的进步在哪里：今天，女儿写字的时候把字都写在了格子里；今天，女儿在练习写悬针竖，每个竖都能写出尖尖的笔锋……朋友圈里的朋友也都会来点赞，甚至还有“行家”过来指点：今天，姑娘的字整体布局不错哦！哇，今天姑娘又在练习啦……

女儿得到了妈妈的认可，看到了自己的进步，还有这么多朋友来支持她，就特别开心，特别兴奋，于是就继续努力练习。

后来，放暑假了，女儿在制订暑假计划的时候，还给自己规定每天写两张毛笔字。女儿说：“妈，你都在朋友圈里这样晒我了，我要写得不好看都给你丢脸。”

就这样，原来没有动力做的事变成了孩子主动要求做的事，整个家庭氛围也进入了良性循环。

海燕原来的做法是孩子做到她很满意，她才会在朋友圈晒。学了优势累积教育法后，她不再用自己的标准评价孩子，而是找到孩子的一个小进步就马上晒出来，并且不强调结果，而是把具体的行为明确指出来，在不知不觉中，收获了成果。

除了在网络上接受他人的点赞，在日常生活中，我们也可以通过接受外人的赞美给孩子贴正面标签。但是这一点，谦逊的父母常常做不到。

你带着孩子出去，碰到别人说“哎呀！你们家女儿真好，什么什么都好”，你会怎么说？由于中国文化一直强调谦虚，有的父母就会说：“哪里呀，她有很多缺点，你都不知道她怎么这么糟糕的！”我们经常觉得谦虚是美德，然后就当着很多人的面把孩子打压下去了。

但我每次带着女儿出去，如果人家说“哇！你女儿真棒！你看我们家孩子一点都不自觉……”我都会很感谢人家，我就会说：“是的，我真的对我孩子很满意！”外人的表扬对孩子是很重要的，所以我也经常会在朋友圈让朋友给我儿子点赞，我会说如果你觉得他做得很好，请给他点赞。这也是很有力量的。

孩子 3 岁以后就有自尊心了。在众人面前贴标签比我们在家里给他贴标签效果更好。越是当众点赞，越多的人知道这个优点，点赞的力量就越大。

所以，接受别人对孩子的赞美也是很重要的。礼尚往来，我们也可以表扬别人家的孩子。当然，如果你家孩子听到你表扬别人家的孩子就不高兴，其实是在提醒你，你对他的肯定还不够，让他依然有不安全感，我们应该更努力才是。

4. 孩子自我总结

还有一个工具也非常好用，就是让孩子给自己贴正面标签。当孩子完成了一件他自己觉得很骄傲的事情时，你可以让他分享一下“这次你是怎么做好的”，让他自己去总结哪些行为导致了他的成功。你会发现这一招特别管用，对他的成就体系也非常管用，因为只有看得清楚，他才能明白自己这次是因为什么而成功的，这个过程很重要。

我们常会对孩子说：“犯了什么错？承认错误吗？说说自己

错在哪里？”现在，我们可以换一种说法：“说说看，你怎么能做得那么好？”孩子是非常愿意和你分享他是怎么做对的。孩子的陈述其实就是在总结自己哪一步做得是准确的，总结自己正确的可复制行为。

每次我儿子有进步的时候，我都会问他：“你是怎么做到的？”有一阵子他背英语单词有进步了。我就问：“你是怎么做到的？”他说，他先把单词看一遍，把会背的单词勾出来，做了筛选之后花时间重点背那些没有背过的单词，这样速度快，效率也高。我觉得这是他自己总结的一个非常好的方法。

家长其实并不是每一次都知道什么是正确的可复制行为，让孩子自己总结就能弥补这一缺憾。即使孩子自己总结得不对，也没关系，多尝试几次他就能越来越有总结能力了。而孩子的总结能力和父母日常生活中经常给他贴正面标签有密切的关系。父母贴得越多越到位，孩子的总结能力就会越强。所以，父母自身的学习会促进孩子的学习能力。

5. 指出过去做过但现在没做的“坏事”也是贴正面标签的一种方法

还有一个比较特殊的贴正面标签的方法：总结孩子过去做过或者本来可以做，但是现在没做的“坏事”。

比如，今天我们带着孩子一起出门，他本来可以干很多“坏事”，可以去推别人，可以去抢别人的东西，可以自己想吃就吃，可以大声喧哗……结果他竟然都没干，只是哭了一会儿，这也是值得肯定的，因为这是孩子可以复制的行为。我们就可以说：

“今天，你跟妈妈一起出去，竟然在整个走路的过程中都很安稳地走在人行道上，没有跑到马路中间去。你这样走，妈妈觉得特别安心，很愿意跟你一起出去。”你要知道，绝大部分小朋友都是一路上乱跑的，有一天他终于不乱跑了，你一定要肯定他的这个改变。

有时候，孩子会做一些让我们很不喜欢的动作或行为，我们即使讲了道理，也提醒了几次，还是没有效果。在这种情况下，家长一定要耐心地等待，注意观察某个他终于不那么做的时刻，这个时刻是个高光时刻，我们要充分运用。

我儿子有一阵子一直跪着做作业。我知道主要是因为他的手臂没有力量，所以他才跪着做作业，用上身倾斜来增加手臂力量是他不自觉的选择。在手臂没有力量，又不得不认真完成很多作业的时候，我也没有特别好的方法能帮到他。所以，我选择了忍耐。

有一天，他发现自己手臂有力量了，就坐下来做作业了。我看到立刻说：“哎呀，你可以坐下写作业了！说明你的小手腕有力量了。”给他贴上正面标签后，那一天他都坐在椅子上写字。之后有几天，他又跪着写字了，我依然忍着不说，让自己尽量忽略这个问题，但一旦看到他坐着写字了，就会立刻给他贴正面标签。有时候，我还会让他自己总结坐在凳子上写字的方法。

时间长了，随着手臂力量的增加，孩子基本上就一直是坐在凳子上做作业了。

所以，要看到孩子的进步，把孩子没有做的行为和现在做的正确行为进行对比，会让孩子清晰地知道自己原来在进步，自己这样的行为是对的，这样就能帮助孩子成长。

当然，这里要提醒父母，并不是所有没做的错事都要拿出来说，否则，孩子自己本来没意识到可以干这些“坏事”，被你一提醒，反倒做了。重要的是，父母要有一颗可以等待的心和一双能看到进步的眼睛：当孩子做错事的时候，等一等；当他不做这些错事的时候，指出来，让他看到自己的进步。

贴正面标签和表扬的区别

在做研究的时候，我发现很多父母常常走极端，比如有的父母从来不表扬孩子，觉得孩子一表扬就会骄傲自满，所以处处以挑错和鞭策的态度对待孩子，批评、讽刺、打击是每天都在做的事情。孩子想要获得父母的表扬，简直比登天还难。这样的孩子容易自卑，遇到事情总是首先怀疑自己。

而另外一部分家长却常常非常夸张地表扬孩子：孩子花 5 分钟随手画张画，便被父母捧成了“未来的大画家”；孩子随手弹钢琴，父母也能发现孩子的音乐天赋；孩子背了一首古诗，父母表扬的字数是古诗字数的 10 倍……这些父母和那些从不表扬孩子的父母有很大的不同，他们认识到打击教育对孩子的伤害，重视对孩子的表扬。

这两种极端其实都不可取，凡事有度，平衡是王道，表扬和批评其实都是孩子需要的，只是两者的比例不同。

贴正面标签跟表扬也不太一样，表扬相对来讲是比较抽象的，是对结果的一个总结，而且还是一个带着价值观的评判总结。而贴正面标签的目的不是去用价值观肯定别人，它的目的是“看见”，看中间一个具体的人、一件具体的事、一个具体的行为。所以正面标签要贴在过程中，而且我们强调的是可复制行为，看到孩子的正确行为，向孩子表达出来，让孩子也看到自己这个行为是对的。

比如：当我儿子写字写得很烂的时候，我至少可以肯定他写字起笔位置很好；孩子英文字母写得很烂的时候，我可以说至少他的英文字母都写在线上了……要不然，孩子写的字母飞来飞去，就很难看了。先从一些孩子能做到的角度肯定，然后再一点点往前推进。如果我们立刻就要求他写一手漂亮的英文字母，他是做不到的；现在就要求他马上提高成绩，也是不可能的。

所以，贴正面标签和表扬是有区别的。当我们使用正面标签这朵“小红花”的时候，还要注意以下几点。

1. 真心肯定，而不是刻意赞美

在中国，大家都很吝啬表扬，父母学会表扬对孩子来说还是非常重要的，但表扬、赞美的前提都是真心的，不是为了表扬而表扬，也不是刻意的。比如孩子花了很多努力完成了一件事情，做父母的说：“哇，你很棒啊！”“哇，你做得真的很好。妈妈真的很高兴有你这样的儿子。”这个时候，如果你是真心的，没人会讨厌这种表扬。

但如果孩子明明做事情都不怎么花精力，随便做做就完成，你却表扬他，那就不一定有好的效果。比如，孩子画了一幅很乱的画，你却说："哇，宝宝，你真是画画天才，画得真棒！"他的认知就出现问题了，他会觉得原来自己随便画画，妈妈也觉得自己是天才！孩子搭乐高积木，随便搭了个房子，你又说："哇，宝宝，你真是好有建筑天赋，搭了一个这么好看的房子。"那孩子会觉得原来不需要努力就能得到你的表扬。

很多父母学了很多西方的育儿理论，变得特别擅长虚假表扬，其实我们中国人并不擅长表扬，但是因为认识到批评带来的问题，所以开始刻意、夸张地表扬。甚至这些父母也很快发现，似乎随着孩子年龄的增大，表扬越来越不管用，而且他们觉得你的每个表扬都是理所应当的，对自我的认知也出现了偏差。

正面标签法，包括优势累积教育法一直在强调，父母应该做真实的自己，因为真实的成本最低，你会最舒服，不需要做很多虚假的事。如果你学了一个理论，它叫你一定要压抑自己的情绪，但是你觉得自己根本不能把情绪压下来。你一边压不下情绪，一边又发了脾气，还觉得很内疚，这个方法让你做得都不像自己了。那我告诉你，这个方法很可能不能持续。

如果你暂时实在找不到孩子可以赞美的地方，那就不要说了。如果你说得很假，孩子也是很容易感觉出来的。没有必要每时每刻都肯定孩子。你有一双慧眼，看到肯定及时说出来，这就够了。

现在，对表扬、批评的研究也越来越细致，比如，有研究认为不要简单地夸奖孩子"你真棒"，而要具体地表扬孩子的努力、勇气、毅力、创意、合作精神、领导能力、信用、虚心、选择、细心等细节和人品方面的特点，这种观点我认为是值得借鉴的。表扬越到位，孩子越知道自己做对的是什么。而真实的表扬才能产生持久的力量。

同样，对某一具体行为的批评也能帮到孩子，但是针对孩子品德性格的批评就常常没有效果。批评要避免情绪化，同样要用事实说话。在这一点上，父母的真实依然是需要保留的。

2. 更多是基于信任，而不是期待

正面标签在运用的时候更多是基于信任，而不是期待。我相信你可以做得很好，而不是说我期待你做得更好，两者是有区别的。

期待所隐含的意思是父母并不一定觉得孩子能做到，但是希望他能做到，所以才去肯定他，希望他能从不会到会。但是，你会发现，这背后其实是另一种控制，意味着对孩子还有要求，意味着对孩子的外部激励。

而贴正面标签强调肯定，肯定背后是对孩子真心的信任。

所谓信任是说父母经过观察，相信孩子自己能解决问题，相信孩子真的有这个能力，虽然这个能力并不是现在就有或者马上会发挥出来，但是我们相信，孩子总有一天能自己解决这些问题，能有这些能力。我们要给自己多一点时间去看看孩子。很有可能孩子最终还是达到了目标，但他用的方式和能力不是我们所期望的，却一样有效。

我们的一位学员是一名幼儿园老师，我们都叫她小王老师。有一次，小王老师分享了一个故事。

小花妈妈发现小花做事情没有长性，遇到难题就会放下。比如：摆放一个东西，没放好就想玩，去做别的事情了；过几天，玩搭建，遇到难题，又放下了……所以，小花妈妈很担心小花这种不能坚持、没有毅力的性格对未来发展不利。于是，小花妈妈找到了幼儿园的小王老师。

小王老师就用我们优势累积教育法教的观察法，先不带评价地观察小花的行为。她发现小花每次放下是因为遇到难题，但是小花再次做的时候，总会尝试新方法；虽然又失败，又放下了，但她还会再尝试……所以，小王老师根据自己观察到的和小花聊天，讨论她的各种尝试。

小王老师告诉小花妈妈，这是小花尝试解决难题的方法，并不代表小花没有毅力，虽然小花的方法和妈妈想象的不同，但是要相信小花一定能找到方法解决。

果然之后不久，小花就高兴地跑过来告诉小王老师，她找到好方法了。

小王老师和我们分享的时候说："经过观察，我觉得我和小花妈妈最大的不同是，我真的相信小花能自己找到解决的方法。"

你会发现，如果一个孩子遇到一个好老师，他的成绩突飞猛进，往往不是因为这个老师对他要求很高，而是这个老师很欣赏他，觉得他可以做到。这个时候，孩子就立马感觉很好。你会发现这种细微的区别在我们人类接收信息的时候是很关键的，很多研究都证明了信任的力量。

所以，正面标签背后的力量是信任而不是期待，这一点非常重要。当父母学着去信任孩子的时候，好改变就开始发生。

正面标签的三个能力维度

正面标签能否运用得好，和父母的三个能力维度有关。

第一个能力维度是父母看见全面事实的能力，这一点特别重要。因为我们在做研究时经常发现，家长看不到全面的事实，因为他们脑海里有太多的评价体系，每看到孩子的一个行为就会立马用结果评判他。虽然孩子很努力，但是结果却不好，既然结果不好，那就说明这些努力全部都是没有用的。所以，父母常常看到结果，看不到发生的事实。其实，结果不好可能只是因为孩子做了一个错误的选择，尽管他做了另外 9 个正确的选择。如果父母能看到全面的事实，就能看到那 9 个正确的选择，从而帮助孩子把这些正确的选择固定下来，让孩子可以重复。

贴正面标签要求父母能全面地看清事实，看到孩子每一步的发展，把其中正确的行为固定下来。当孩子发现自己做了很多正确的事情时，他对自己就充满信心，往往也能把这件事情做好。

第二个能力维度是父母要有拿孩子今天和昨天相比看到其进步的能力，而不是拿自己孩子和别人家孩子相比。父母要看到孩子今天与昨天相比进步的地方，而不是拿孩子与标准相比或者与别人家孩子相比，只看到孩子做错的地方。我们要做的是：发现他今天虽然杯子拿得很别扭，但是跟昨天比较，他能够两只手拿了，这就是进步。

第三个能力维度是父母要有看到成功关键的能力。比如学习，如果父母自己掌握考第一名的诀窍，那么找到让孩子成绩好的可复制的正确行为就更容易。即使父母没有某一方面的经验，但如果能够慢慢总结出成功的关键，并帮助孩子认识到这一关键，也能很好地帮到孩子。当然，由于社会日新月异，父母的经验也常常失效。但是，我们可以经常反思一下：自己的方法真的是对的吗？这样也能帮助父母提高总结成功关键的能力。

虽然贴正面标签不一定能解决具体问题，但是能够产生很多的正能量，让你跟孩子的关系更加亲密，这是一个从量变到质变的过程。也许我们现在解决不了孩子目前的问题，但是随着孩子能量的增加，跟你亲近、依赖你、相信你，你的一些话就自然会对他产生影响，对他的帮助也会更加有效。

所以，我在这里给大家提个醒，正面标签法是一种交往方式，是一种态度，不是用来解决某个具体问题的，但是它的确可以解决很多问题。它能使问题更顺利地解决，因为大家没有对立情绪，状态更好了，但是解决问题不能成为贴正面标签的目标。如果你每次贴正面标签都是希望他怎么做得更好，这就失去了信任的基础，你的正面标签也会因为带有强烈的功利性，而让人更不舒服。

所以贴正面标签不是表扬，它是对可复制的正确行为的肯定；它是一个事实，而不是一个评判；它是一种日常习惯，而不是解决某个问题的方法。

改变你日常生活中挑剔的眼光

经常运用正面标签，会产生一个特殊的效果：改变你日常生活中挑剔的眼光。

之前，我做家庭教育咨询的时候总是碰到这样的问题：我要家长讲讲孩子的优点，他们总是三两句话就过了，而且评价往往都是非常抽象的，比如善良啊、助人为乐啊、孝顺啊；但如果让父母说说孩子的缺点，那讲起来可就长了，而且非常具体，从早上起床拖拉开始一直可以讲到晚睡。

我们如果有意识地去贴正面标签，就会慢慢养成不用挑剔的眼光看问题的习惯，因为挑剔的眼光几乎是我们中国人与生俱来的。相信很多人都有这样的经历，自己从小做的每件事情，父母都经常挑剔，自己干什么他们都不满意。你会发现，挑剔几乎是我们的日常习惯，我们在不知不觉中一直在挑剔，我们说的每一句话都是挑剔。

因为贴正面标签不是单目的性的，所以它应该像一条河流（river）。R（Random）——随机的，即以一定的频率出现，但是并不是每次间隔都相同，或者必须在某个时间节点出现，频率很重要。I（Intermittent）——间歇的，不需要在很长时间内一直表扬同一件事情，而是隔一段时间贴上一次正面标签。V（Variable）——多样的，我们不能总是表扬孩子某一个方面，因为总表扬孩子某一个方面，正面标签的目的性就会很强。正面标签是多样的，不一定针对特定目标，父母要有一双善于发现的眼睛，能看到孩子方方面面的特点。甚至孩子玩游戏玩得很好，可以在游戏里面跟别人互动得很好，我们都可以跟孩子讲“你在游戏中的社交能力很好”。这样也会激发孩子在日常生活中跟人交往的能力。如果正面标签单一聚焦在成绩上，往往时间一长，就没有效果了。E（Everyday）——每天的，贴正面标签是每天的、持续的。R（Reinforcement）——不断强化的，也就是说，对同一个可复制行为不能只表扬一次，需要不断强化才有效果。

也许我们不能一下就改了这种挑剔的眼光，但是真的要有意识地去改变，尽可能用积极的眼光去看这个世界，正面标签就是我们的一个工具。你不需要强迫自己表扬孩子，只要看到孩子的哪个行为是正确的，找到正确的点就可以了。一开始，这个过程挺缓慢的，但是慢慢地，你会发现自己就习惯了，家里的环境也会变好。

这条河流是家庭幸福的能量水，如果它能流动得好，家庭的能量就流动起来了。所以，请在亲子关系中，把贴正面标签变成我们的习惯，让小红花开满我们的家庭。

本章重点

如果不纠错，父母都觉得不会说话了。没关系，换种方式，用正面标签来说话。在日常生活中，对孩子做的那些正确的、可复制的行为进行肯定，这样孩子就会踩着正确的台阶慢慢往上走了。

这个正面标签一定要是真实的，因此，这一方法的运用有一个前提，那就是父母要改变对孩子缺点、优点的判断方式，认识到缺点、优点可能是孩子的同一个特点。每个孩子都有自己的特点，这个特点发生在父母欣赏的地方就成了优点，发生在父母不欣赏的地方就成了缺点。真正欣赏孩子的特点，让孩子的特点发挥在父母喜欢的地方并加以肯定，才能让孩子的归属感建立得更为顺利。

正面标签法说起来容易，做起来其实很挑战父母的能力。父母可以用 5 种工具来练习正面标签法：句式转换、书面写孩子的进步、利用网络给孩子点赞、让孩子自我总结和孩子没做“坏事”就鼓励。贴正面标签和表扬不同，它是对孩子的肯定，是对孩子的信任，不是对孩子的期待。

当父母改变挑剔的眼光，贴正面标签的能力越来越强，从看见事实到看到进步，再到看到关键，并且定期给孩子贴正面标签时，幸福的能量就会像一条河流一样，流淌在家庭中。

小贴士

教育之前想一想：这是孩子的什么特点？我真的要去改变他吗？

教育小技巧：忍不住想教育孩子的时候，请把“但是”后面的内容置换为正面肯定。

05

魔法水：

80%的问题都不是问题

这几年来，“无条件接纳”这个词变得很火，父母们都已经意识到了孩子需要被接纳的感觉，允许他们表达情绪，让他们觉得自己的任何一种情绪都是可以被接受的。有意思的是，你如果现在去百度上搜索“无条件接纳”，会发现大部分文章虽然都指出了“无条件接纳”是接纳孩子的情绪，允许孩子有情绪，允许孩子表达情绪，但同时也反复强调“无条件接纳”并不代表要无条件满足孩子的所有要求。很多文章都举了各种例子告诉父母不管孩子、不给孩子立规矩是不可以的。

我们在研究中发现，虽然有些父母一直强调自己是无条件接纳孩子的，但对孩子的绝大部分自发行为都是不接受的，所以，孩子常常没有被理解、被接纳的感受。很多父母在实际操作中也发现，情绪和行为是非常难分清的。有时候，不讲理的哭闹或者耍赖到底是一种情绪还是一种行为，父母实在无法分开处理。

所以这一章，我们重点谈谈哪些事情父母一定要管，哪些事情父母不需要管。否则，在纠错文化下，当父母不接受孩子的大部分行为时，孩子很难感觉自己被“无条件接纳”了。

“不”的力量来自“是”

在孩子成长的过程中，我们用成年人的眼光来看，会觉得他们每时每刻都在犯错误，出现各种问题，比如衣服穿得不合适，不好好走路，不好好吃饭，说的话很奇怪，大部分时候只有“我”，没有你和他……所以为了帮助孩子，父母每天都在和孩子说“不可以”“不要这样”“你应该怎样”……或者，父母用各种方式替换“不”字，但表达的意思依然是你做错了，你要按我的话来做。

这种方法在孩子小的时候还有用，慢慢地，父母发现孩子会过滤那些“不”和“指导”，有时候充耳不闻，有时候左耳进右耳出，有时候嘴上答应行动却没有改变。于是，家长们就变得很焦虑，嗓门越来越大，“不”字越来越多，同一句话要说上好多遍才有可能被听到，甚至被听到也没有用。经常有父母抱怨：和孩子说了一百遍，他都听不到或者听不进去；提醒了一百遍，他还是置若罔闻；告诉他不可以这么做，他还是照旧犯错。父母简直不知道拿孩子怎么办好，最后就给孩子贴上一个“不听话”的标签。于是，就陷入了我们之前说的纠错模式，随着年龄的增长，孩子越来越叛逆，父母的影响力越来越小。

我们在对孩子做调查时，他们对这一现象的解释是这样的：我妈（爸）这也不让做，那也不让做，按照我妈（爸）的要求，我什么都不能做了。听听孩子的心声，其实就能把问题看明白了：父母的“不”实在太多了，当“不”频繁出现的时候，甚至每时每刻都出现的时候，就没有力量了。

但父母也会解释说：我没有说“不”啊，我很多时候是和孩子讲道理，告诉他怎么做，怎么就成了都是“不”了呢？其实，有时候，“不”会以不同的面貌出现。

托马斯·戈登总结了 12 种沟通方式。在这 12 种沟通方式中，除了第七种和第十种，其他 10 种其实都是“不”的一种表现方式：

1. 命令、指挥、控制——告诉孩子去做某事，给他下一个命令；

2. 警告、训诫、威胁——告诉孩子如果他做某事会有什么后果；

3. 规劝、说教、布道——告诉孩子他应当怎样做；

4. 建议、给出解决方案或意见——告诉孩子怎样解决一个问题，给他建议或意见，为他提供答案或解决方案；

5. 说服、教育、进行逻辑辩论——试图用事实、辩论、逻辑、信息或者自己的意见来影响孩子；

6. 评价、批评、表示不赞同、责备——对孩子做出一个负面的评价或判断；

7. 赞扬、表示赞同——做出一个正面的评价或判断，表示赞同；

8. 归类、嘲笑、羞辱——让孩子感到自己愚蠢，把孩子归类，让他感到羞耻；

9. 解释、分析、诊断——告诉孩子他的动机是什么，或者分析他为何做出这样的事或说出这样的话，表示你已经看透了他的心理，弄清了问题所在；

10. 安慰、表示同情、安抚、支持——尽力使孩子好受一点，通过谈话让他摆脱不良情绪，试着驱赶他的情绪，否认他情绪的强度；

11. 调查、质问、审问——试图找出理由、动机、原因，寻求更多信息来帮助你解决问题；

12. 退出、分散注意力、开玩笑、转移话题——试图让孩子回避这个问题，自己远离这个问题，分散孩子的注意力，用开玩笑的方式转移话题，把问题放一旁。

除了第七种和第十种，其余 10 种沟通方式的本质其实都在告诉孩子“你做得不对，你应该按照我说的去做”。

在亲子教育的互动中，要完全杜绝这 10 种沟通方式几乎是不可能的，何况有些沟通方式还是非常管用的。但是，当这样的沟通方式成为亲子互动的主要沟通方式，就会时时刻刻提醒孩子“你不行，听我的”，这的确会对亲子关系和孩子成长造成影响。

所以，在使用这些方法时，“度”的把握就非常重要了。

管理学中有一个“二八原则”，这一原则说的是一家企业 80% 的利润往往是由 20% 的顾客创造的。“二八原则”在很多领域都适用，用在亲子互动中，这一比例也是很恰当的。也就是说，一天中，父母对孩子用各种方式说“不”的比例要控制在 20%，80% 的问题都应该放手让孩子自己来决定，或者通过肯定和鼓励让孩子觉得自己在掌控自己的人生。就像戈登说的：当一个孩子正致力于某项活动时，放手不管是一种表达接受感的有效的非语言方式。很多父母都没有意识到，他们经常通过干涉、打扰、接手、检查和介入向孩子传达了不接受感。唠叨就是一种典型的不接受孩子的“不”。唠叨的背后是我不相信你能做好，你不能按照你的节奏和方式来做，你要按照我的想法做。唠叨不仅不起作用，还常常令人崩溃。

所以，父母的“不”能起作用的前提是在孩子可以容忍的程度内。换句话说，“不”的力量来自“是”，当父母大部分时候都表达对孩子的欣赏、肯定时，偶尔一个“不”字，才能让孩子重视起来，才能让孩子觉得你在就事论事地帮助他，而不是在故意挑他的错。托马斯指出，孩子不会反抗成年人——他们反抗的是成年人夺走他们自由的企图，反抗的是成年人按照自己的形象改变他们或塑造他们的努力，反抗的是成年人的唠叨，反抗的是成年人强迫他们按照自己的是非观念行动。

所以，为了避免孩子觉得父母唠叨或者感觉父母天天在挑错，在用技能法帮助孩子之前，我们首先要去梳理哪些问题其实父母不应该管或者不需要管，哪些问题是父母一定要引起重视的。父母头脑中的大部分问题，很可能不是孩子的问题，而是父母的问题。只有梳理出那些真正孩子需要帮助才能解决的问题——这个比例不超过 20%——我们才能更好地帮到孩子。

这里，我就要送你一瓶魔法水，消除你 80% 的烦恼。

丢弃 80% 问题的维度

丢弃维度一：谁的问题？

当一个问题发生的时候，你如果想要解决问题，需要问自己的第一个问题是：这是谁的问题？很多父母不能接受的问题，其实很可能都不是孩子的问题，而是其他人的问题，甚至可以说：孩子的所有问题都是父母的问题。既然不是孩子的问题，那么盯着孩子来解决，就是毫无用处的。

所以，第一个丢弃维度是询问这个问题究竟是谁的问题。

比如一个孩子在外面特别乖巧，但是回到家就变得肆无忌惮，也就是人们常说的“在家像条龙，出去像条虫”。这个问题一般都不在孩子身上，背后很可能是照顾者的问题，有可能是家庭给了孩子更多的安全感，但外面的环境没有给孩子那么强的安全感；也有可能是照顾者对孩子保护得太好了，使得孩子没有能力应对外面的世界；还有可能是照顾者经常用外面的环境吓唬孩子，导致孩子对外面心生恐惧。无论是哪种原因，背后都是照顾者（主要是父母或祖父母）的问题，而不是孩子的问题，这个时候鼓励孩子要大胆就没什么用。

还有一个常见的问题是父母抱怨孩子拖拉，觉得孩子动作很慢。但是我们在研究中发现，孩子拖拉磨蹭常常是因为父母的节奏感和孩子不同，父母给予孩子的时间不充分导致的。比如：早上为了让孩子多睡一会，父母会晚叫孩子起床，但是因为急着上班，又催促孩子，觉得孩子动作慢；孩子回到家做作业，父母预估孩子需要的做作业时间和孩子实际需要的时间不符，因为孩子常常会停下来，但是父母不允许停顿发生，那么对于那些注意力集中时间比较短的孩子来说，一定会被贴上磨蹭的负面标签。所以，拖拉问题常常是父母自己心急的问题。

因此，父母的很多焦虑都是我们成人自己的问题，和孩子无关。照顾者自己的焦虑会影响孩子。比如，我妈妈经常抱怨我儿子早上吃饭太慢，但是我后来观察了一下，发现我儿子每天早上 7 点 15 分必须上车去学校，可是我妈妈为了让孩子多睡一会，总是到 7 点才把我儿子叫起来，他在 5 分钟之内完成了刷牙、洗脸，但由于刚起床，胃口显然没有打开，当我妈妈要求他在 10 分钟内吃完一盘烫的饺子的时候，他怎么也做不到。所以，吃饭慢和孩子无关，和成人的节奏与孩子不同步有关，和成人的期望值不妥当有关。解决的方法无非是我妈妈改变让孩子多睡 10 分钟的想法（改变老人其实最难），让孩子更早一点起床，更充足的清醒时间能帮助孩子更好地打开胃口，吃完早饭。我儿子自己找出来的方法是改吃面包或汉堡等可以带到车上吃的食物。

在孩子上学后，这个维度尤其重要，因为孩子会遇到不同的老师，有些老师会特别喜欢安静的孩子，看到活泼的孩子都觉得是多动，可能就会和父母沟通。父母一听，经验丰富的老师都说自家孩子多动，那孩子肯定有问题了，于是就到医院去做各种多动症的测试。最后，孩子自己都觉得“我是有多动症的”。本来只是老师的一个偏好而已，最后变成了实质性的问题。所以，家长在给孩子贴负面标签的时候，一定要想一下，这个问题真的都是孩子的问题吗？有没有可能是别人的评价标准或者别人的问题？甚至是不是自己的问题？

虽然“孩子的所有问题都是父母的问题”这句话太夸张了，但是，孩子的大部分问题都不是他们自己的问题却是真理，我们做父母的要牢记。

丢弃维度二：短时间内能改变问题吗？

有些问题可能的确是孩子的问题，但是，由于这些问题涉及孩子本身的心智和身体机能的发展，短时期内无法改变，这些问题其实可以放一放。比如很多父母在孩子四五岁，甚至更小的时候就希望孩子能写好字，结果导致了很多的问题。

在孩子上小学之前，很多家长都会非常焦虑。孩子不会写字，到学校怎么办？孩子连自己的名字都不会写，怎么办？孩子连ABCD都写不好，那他的英语就学不好了；孩子的阿拉伯数字写得东倒西歪，那他的数学根本学不好……

最常见的无法在短时间内改变的是孩子的学习自觉性。大部分孩子要到10岁左右，其自我意识发展到一个新的高度，自我才能控制本我，才会有自觉学习的能力。但是父母常常很着急，希望孩子进入小学一年级就能自觉学习，于是各种指责孩子，与孩子冲突不断。而且父母常常发现孩子说话不算话，明明答应先做完作业再玩，但总是控制不住自己，先玩游戏了。实际上，这一过程恰恰是孩子的自我和本我在不断博弈的过程。孩子也很辛苦，他每次表决心的时候，是真的想要符合父母的要求，但是，他的本我还太强大，自我很难控制本我，所以他也在不断斗争。

如果父母不焦虑，把自觉学习，即本我和自我的斗争看作长期的成长过程，能忍一忍、等一等，体会孩子在进行自我斗争时的不容易，倾听孩子的心声，那么随着孩子的成长，他的自觉性会越来越好，他的自我会越来越强大。如果父母忍不住，用强有力的手段来代替孩子的自我去控制他，那么这个自觉性的问题就会一直存在，越来越难解决。

对于有些问题，父母先要判断一下是不是在短时间内就能解决，比如记忆力和理解力的提升。如果短时间内改变不了，那就不要把它看作一个问题，而是让孩子在合适的年龄做合适的事情，理解孩子在每一个成长阶段的不容易。

丢弃维度三：随着年龄的增长，问题会改善吗？

还有一类问题是随着年龄增长会改善的问题，大部分有关生活自理能力的问题都属于这一类。

比如一到夏天，家长们就会急着给孩子进行如厕训练，有些孩子才刚过周岁，父母们就已经想要抓住夏天的机会让孩子不穿尿不湿了。

为什么这么着急啊？家长的回答几乎惊人的相似：朋友家的孩子早不穿了，自己家孩子还穿着，感觉很丢人；让孩子继续穿尿不湿自己会经常被家里老人说，他们会说自己懒，尿不湿对孩子不好。

但实际上，你会发现孩子的尿感是不一样的，有的长，有的短，这其实是孩子的一个自我感知过程。随着孩子自我感知能力的慢慢加强，他们也会一点点感觉到尿意的，这个时候孩子就会提出来：“我要尿尿！”这是一个自然的过程！小孩子都是把尿尿在自己身上的，这很正常，但随着年龄的增长，在没有压力的情况下，他们会自然而然地感受到自己的尿意。

家长需要处理的情况只有一种，那就是当孩子玩得太疯的时候，会忘了上厕所。即使在这种情况下，如果家长不给孩子压力，他有过一两次这样的经历后，自己就会找到解决方案；但如果家长在这个时候非常紧张，并且开始严格地对孩子进行如厕训练，很可能会给孩子造成更大的压力，而且也剥夺了孩子成长的机会。我们现在确实看到很多家长急着要给孩子进行如厕训练，随便搜搜就可以看到很多教家长“如何在 3 天内帮孩子脱掉纸尿裤”这类标题的文章，好像“科学育儿”什么都需要赶赶赶。

如厕训练这件事，其实和孩子学习其他技能一样，需要水到渠成。很多孩子根本没准备好，家长就着急训练，结果自然进展缓慢，这时看再多这些方法论的文章也没用，“强扭的瓜不甜”，孩子没准备好就是没准备好。

在日常生活中，我们其实很少碰到孩子在长大以后还有尿床问题的，孩子到了五六岁，随着括约肌的发育，这些问题自然而然就解决了。但如果父母很焦虑，它就真的成了问题。

我在这里要强调一个很重要的观点：孩子试错的过程就是他成长的过程。可惜很多家长剥夺了孩子试错的时间，也剥夺了他成长的机会。

小男孩涵涵晚上是和外婆一起睡的。在涵涵小的时候，外婆怕他晚上尿床，于是每天半夜都会按时把涵涵叫起来，让他如厕。就这样，涵涵到五岁半，晚上睡觉的时候还是会经常尿床，只要大人不叫他起来，他就会尿在床上，自己不会控制。

其实，我们人类的身体系统很有意思，当脑部不断接收同一事情的刺激，就会形成反应链，人类的反应能力就变强。孩子本来自己有意识地知道该尿尿了，可如果大人一直不停地在旁边提醒，孩子的尿意和脑部的控制没有连接起来，反而不知道自己什么时候尿尿了。

于是，涵涵的家人都很焦急，还专门带他去看了医生，但是似乎没有效果。后来，涵涵的妈妈找到我，我给她的解决方案非常简单。

我让她在涵涵的床单下铺上婴儿用的隔尿垫，每天晚上不要再叫涵涵起床尿尿，一旦涵涵尿床了，早上大家就把这件事当作很正常的事情告诉他：你正在接收身体给你的信号呢，你慢慢体会，这个很正常，抱歉以前我们没有给你这个机会，现在你需要自己来和你的身体对话。该干什么就干什么，不要批评他。

我要求他们给涵涵半年的时间。可实际上，只用了一个月，涵涵就越来越能自己控制了。

父母不焦虑，孩子才没有压力，才能拥有解决问题的能量。

除非身体机能出了问题，否则，凡是大部分孩子长大后都会的事情，给孩子试错的时间即可，这些根本就不是问题。

类似的问题还有孩子两三岁时候的结巴，父母不用太在意，随着孩子的词汇量上升，表达能力自然就提高了，结结巴巴的情况就会改善。如果父母很在意，一直去纠正，反倒影响了孩子的语言自信。孩子小时候“认生”也是非常自然的一个安全感成长的过程，随着孩子自己力量的成长，他和外部世界的关系也会随之改变。再比如，我家孩子不好好吃饭，我就跟我妈讲：我就没看过一个人会不吃饭，把自己饿死的……等他知道饿了自然会吃的。所以，随着年龄的增长，有些问题是会自然改善的。还有根据天气变化穿衣的问题、走路速度问题、注意力的持续问题，这些都会随着孩子的年龄增长而改变。所以，父母放轻松，看到孩子成长过程中的问题不要着急，想想这些问题和成长本身的关系，焦虑就会减轻很多。

丢弃维度四：孩子是故意这么做的吗？

虽然有的时候问题的后果很严重，但是如果我们问：孩子是故意这么做的吗？如果答案是否定的，这是偶然发生或在孩子无意识的情况下出现的问题，那这些问题也是不需要解决的。

比如孩子的手部活动比较大，啪一下把杯子打翻了，这个时候，你要去告诉他手部动作的幅度不要那么大，要小一点。你说得很简单，觉得自己都告诉孩子怎么做了。可是这可能是孩子偶然做出的行为，他并没有意识到。如果孩子是有意识让这件事发生，他就能做到；但如果是在他没意识到的情况下发生的事情，他是完不成的。

比如你让孩子考试不要粗心，你想想，孩子是故意粗心的吗？既然他不是故意粗心的，那你怎么去预防一个他连想都没有想过的事情？他根本不知道自己什么时候会粗心。

我们并不是说无意识发生的问题就放任自流了，而是要想办法让这个代价变成我们可以承受的。比如不要把贵重的东西或尖利的东西放在孩子能碰到的地方。

其他丢弃维度

我们还能列举更多的丢弃维度，但我更希望家长仔细思考一下自己觉得可以丢弃的维度。每个家庭不同，每个家长的承受力不同，所以每个家长可以好好想想，如果自己从现在开始 80% 的问题都不管，那要用什么原则或标准去处理？

为什么要丢弃这些问题？因为当父母把这些问题看得很严重时，这种本来无伤大雅的现象就真的会成为严重的问题，从而导致家庭的压力增大，而压力增大会使得大家的行为变形，从而导致别的问题的产生，于是问题越来越多，家长的压力越来越大，家庭的气氛越来越紧张焦躁，这就变成了一个恶性循环。所以，我在这里强调把 80% 的问题丢弃掉，不是说孩子的所有问题都不重要，而是只有避免处处是问题，才能更好地解决重要的问题，避免进入恶性循环。

所以，管理学中的“二八原则”在家庭生活的经营中依然适用，真正影响我们的是重要的 20% 的问题，而现实是很多家庭的能量都被那些不重要的 80% 的问题消耗了，从而导致真正的问题解决不了，家庭一直处于解决问题的焦虑和对抗中。

每个家庭都应该有自己处理问题和丢弃问题的维度，但在这些维度的背后，还有一个非常重要的原则，这个原则帮助我们更清晰地认识到哪些问题是父母可以放在一边的，哪些问题是父母必须及时出手的。否则，什么都不管的父母、口口声声给孩子自由的父母很容易养出熊孩子。

区分三种问题，找到处理 20% 的问题的原则

很多问题是在孩子成长的过程中没法一下子解决的，我们可以把这些问题分成两种：一种是我们基本上让孩子自己承担结果的问题，叫自然后果问题；而另一种叫逻辑后果问题。家长真正要出手管的大部分都是逻辑后果问题，而不是自然后果问题。

不用马上管的问题：会产生自然后果

对于自然后果问题，举个例子。你跟孩子讲，这杯水很烫，摸了会烫手。如果孩子坚持要摸，你不用把杯子拿走，就让他去摸。孩子觉得烫，就会把手收回来啦！这样孩子被烫个两回，你下次放个冒热气的东西，他都会躲得远远的。

再比如，孩子走路不是慢慢走的，而是跑得很快，结果摔跤了，他摔个一两回，一旦自己承受了这个后果，你会发现他就会

改变。对于这种会产生自然后果的问题，父母一定要忍住，让孩子去尝试、去试错。否则，如果我们把这些问题都避免掉，孩子就很难成长起来，就会变成我们之前说到的让父母的自我成为孩子的自我，而不是让孩子的自我成长起来。

“自我”成长需要试错和改善的空间，这里的自我发展实际上就是通过承受自然后果而不断改进的。比如上文我们提到“有一种冷叫妈妈觉得你冷”，而其实感知冷暖这样的自然后果是孩子自己能够承担的。我们家长经常做的事情就是根本不允许孩子感觉到冷，每次在孩子感到冷之前，就已经给他加好衣服了。

其实，孩子对冷暖的感知是有一个过程的，当他感觉自己冷的时候，很可能他已经着凉了，或者会出现一些感冒的症状。但这是一个自然的过程，孩子从一开始觉得冷到对冷有一个预判，知道冷会产生什么后果，是需要不断感受和尝试的，需要时间。等他具备了预判的能力，就知道如何穿衣脱衣了。如果他们的感受和决定和我们的不同，我们也应该尊重他们的感受和决定。

所以，家长要给予孩子这样的时间，让孩子能承担自然后果，让他有自我感知的过程，因为感冒对他来讲也是不舒服的。

有一次，我们全家要去安吉，在收拾行李的时候，我发现我 12 岁的女儿带的几乎都是短袖，因为那几天上海温度实在很高。

我就提醒她：“你带些厚实的外套吧，那边天挺冷的。”

她有些不信，说：“妈，我觉得我的这些衣服肯定够了。”

好吧，既然她觉得没有问题，我当然也随她了。

后来到了那儿，她才发现天气果然很冷，幸好我带的衣服比较多，可以分给她穿。

她一边嫌弃我的衣服丑，一边不得不穿我的衣服。

从安吉回来后，她就自己下载了天气预报软件，并随时关注天气变化。

在这件事上，作为妈妈我会提醒她，但很少会去强迫她，因为类似的问题在她 4~6 岁的时候就已经解决了，现阶段的她会有自己的判断。

所以，我们家长比较好的做法就是，如果想要知道孩子的冷暖，就经常问问孩子：你觉得冷吗？你觉得要加衣服吗？如果孩子说不需要加，那就不加了。但如果孩子冷了，感冒了，我们就要告诉他：“唉，可能你下次需要提前加衣服，感觉到自己稍微有点冷了，可能就需要加衣服了。而不是等到冷得瑟瑟发抖，流鼻涕了，你才加衣服。”

在这个过程中，我们不断询问孩子，让他不断去内观自己，不断去审视自己。所以，自然后果问题并不需要我们去帮孩子解决，我们要不断让孩子自己去感受后果，把因果关系联系起来就好了。

我不是说家长就什么都不做了，只是我们要做的事情不是直接帮他穿衣服，而是不断地问他：“你冷吗？你觉得需要加衣服吗？”让他自己去感知冷热。如果孩子坚决地说不要，你要相信他，他是真的还没到要加衣服的时候。

为什么我们总说，老人带的孩子特别容易感冒？因为他们一直给孩子穿得很暖和，孩子就没有办法自己了解冷热，而且孩子穿得多更加容易流汗，稍微有点凉就会感冒。

当然，我们还会碰到一个非常现实的问题，那就是家长根本不敢让孩子感冒，感冒这个自然后果是家长不愿意承受的。

实际上，这是我们对于感冒的一个误区，因为我们觉得感冒是可以避免的。但实际上，感冒是不能避免的，因为冷本身并不引发感冒，而是孩子冷了以后，免疫力下降，细菌侵入，孩子才会感冒。所以保持干净的环境，让孩子感觉稍微冷一点，一点问题都没有。我去北欧的时候，看到当地的小朋友在大冬天也依然穿着短裤，他们反倒不容易感冒。

而且，我们也都知道，孩子在小时候偶尔感冒发烧，能更好地建立自身的免疫系统。

还有很重要的一点是，虽然表面上看起来孩子自己承担自然后果的时候，会有感冒的可能性，但实际上当他掌握了自己身体的冷暖以后，未来是会大大降低感冒的可能性的。而如果你之前就剥夺了他的权利，那么当到了你不在的场合，比如幼儿园，他就特别容易感冒，因为你在孩子进幼儿园之前就没有给他足够的锻炼，那么他一进幼儿园，就完全无法控制自己对冷暖的感觉，也不知道自己要相应脱衣或穿衣。而且，总是穿得很暖的孩子的体内也没有足够抵御寒冷的能量，一点点冷都扛不住，孩子就更容易生病了。

所以，我们做家长的要把感知冷暖的机会还给孩子，让孩子自己来承担这些自然后果，这对孩子今后的成长是非常有利的。这种时候，完全没有必要去批评孩子。

此外，有一种自然后果是不会马上出现的，可能在长期才会出现。这个时候，父母会特别焦虑，因为他们已经看到了可能产生的后果，但孩子还没有看到。而解决这一问题需要很多能力，就现阶段而言，孩子不见得有这个能力自己解决。这是一种比较复杂的自然后果问题。

学习成绩就是一个很好的例子。父母都希望孩子的学习成绩能提高，可是这涉及很多能力的培养，而孩子由于没有成人的远见，所以不见得像成人一样重视。这个时候，矛盾就会产生。

面对这样的长期后果，父母需要做两件事情。

首先，父母要让孩子看到这一过程中的一个个小后果，并让孩子承受这些后果。举例来讲，今天孩子不做作业，第二天老师可能就会批评他，他正在承担这个短期后果，那就让他承担好了。作为家长，你可以很同情孩子，问问孩子有什么需要妈妈帮忙的，提醒他。但是，家长并不需要帮助孩子完成作业，把它变成家长的责任。同时，家长要把不做作业或不订正错误这样的行为和学期末的成绩之间的关联性告诉孩子。

其次，父母需要帮助孩子掌握一些技能以解决长期后果中的一些核心问题，比如怎么能把笔记记好，怎么能把知识点记全，怎么能找到自己的问题，问题怎么改进……你会发现，很多技能是需要孩子学习的，这才是我们真正要帮孩子的。这一部分我们会在第六章讲技能法的时候重点讲。

也就是说，虽然有些事情可能是在长期会产生后果，但是过程中的每个动作、行为、习惯也会产生相应的后果，父母需要帮助孩子理清行为和后果之间的关系。只要这个后果是孩子能承担的，那么父母就不用马上干涉和解决，除非孩子请求父母提供帮助。

大部分的孩子在一开始都无法认识到这些小后果的重要性，但是，随着不断承担后果，他们会有内驱力自己去解决这些小问题。如果父母太着急，在孩子还没有承受后果的时候，就急忙出手干涉或帮忙，那么孩子其实是意识不到这些问题的，以后也不会有内驱力来解决这些问题。这就是为什么很多孩子大量补课却没有效果的原因，因为这些补课对孩子来说，是没有意义的，他没有觉得这是自己的责任。

总体来说，凡是孩子自己能承担后果的事情，父母一定要学会等一等、忍一忍，让孩子先承担后果，产生想要解决问题的内驱力，实在有必要父母再提供帮助和支持。

必须及时出手管的问题：出现逻辑后果的问题

还有一种问题是你必须及时出手干涉的问题，我们叫它逻辑后果问题。逻辑后果是指一件事情发生，它的结果是由别人承担，而不是孩子自己承担。

比如：一杯水很烫，我自己碰到被烫了，这个后果由我自己承担，这就是产生了自然后果；但是，如果我把水往别人脸上泼，把别人的脸烫伤了，我自己有后果吗？没有。这件事情的后果由别人承担，这就是逻辑后果问题。这个时候，如果家长不出手干涉，孩子就变成了熊孩子。

再比如，孩子在公园里荡秋千，坐在秋千上不肯走。10分钟以后，已经有很多孩子在旁边了。这时候，家长一定要按照约定，要求他离开，如果他不肯，就一定要强行把他抱走，不要指望他自己主动起来，因为他不承担后果，后果是别人承担的。对于所有由别人承担后果的行为，我们就要让孩子知道，这是我们家长要干涉的。

还有一点家长要记得，那就是对孩子来讲，我们也是别人，所以我们在逻辑后果问题中既是亲人也是其他人。一般来讲，我们家长在处理影响别人的问题时是很敏锐的，但是当孩子损害我们的利益时，却经常忽略，但这个时候我们是要告诉孩子的。举个例子。我家孩子大清早把我叫起来，我就会很生气。我会跟他说：妈妈要睡一个懒觉，你早上起来把我吵醒了，你影响了我的睡眠。这是我们要告诉孩子的。

再比如，孩子在玩水的时候，把水倒在了地上。这时，如果他自己收拾，我们可以另当别论。但是，如果他自己没有收拾，我们就要告诉他：你玩了水，我必须给你收拾，你增加了我的很多工作量，虽然我可以帮你做，但我要告诉你，这事是我做的。这叫逻辑后果。我们还要跟他说：“由于我的工作量增加了，所以，我可能就无法陪你玩，你现在只能一个人玩了。”

管理逻辑后果问题的时候，不是说你一定要去改变他，改变也很难，但有的时候，你要告诉孩子：是你做错了，以后要注意。我们要告诉孩子，如果他能自己承担后果，那他自己来收拾干净，我们也不啰嗦了。但如果由我们来收拾，那就变成他犯的错由我们来承受后果，我们要告诉他，这是不对的。

还记得我前面提到的一个孩子总被同学抱怨说他打人，原因是他经常打他爸爸，而他爸爸从来不把自己的感受告诉孩子的那个案例吗？那个案例中的后果就叫逻辑后果。我们要把逻辑后果转换为孩子需要自己承受的后果，如果我们作为亲人对孩子老是忍让，这会让孩子跟外人交往时不知道边界，是会出问题的。所以，我们真正要管的就是逻辑后果问题。

当出现逻辑后果的时候，我们需要帮助孩子一起来弥补自己的过错，而不是简单批评孩子就了事了。

美国作家简·尼尔森在《正面管教》一书中指出：如果一个孩子愿意弥补自己的过错，矫正错误的"三个 R"可以帮助他们。首先是承认（Recognize）错误，让孩子有责任感，而不是责备他人。所以，父母需要明确指出孩子的错误，并用事实让孩子认识自己的错误。在孩子真心认识到自己的错误后，第二步是和好（Reconcile），让孩子向他冒犯或伤害的人道歉，获得他人的谅解。这一步要鼓励孩子自己去做，因为完成这一步，能给予孩子成就感，并且让他们不害怕承担责任。第三步是解决（Resolve）问题，如果可能的话，和被损害利益的一方共同想出一个解决方案，这一方案应该是可执行的，并且能有具体成效。也就是说，孩子犯错的时候，可以通过“我错了—对不起—我们一起解决问题吧”三个步骤来帮助孩子弥补错误。

通过这“三个R”的步骤，让孩子意识到逻辑后果，并对怎样担责任想出解决方案，这是孩子成长过程中一个非常重要的环节。在孩子完成这三个步骤后，父母一定要记得非常正式地和孩子聊一聊这件事情，并告诉他：你能承担责任并解决问题真的很棒，父母很为你骄傲。这样就形成了一个良性循环：孩子在犯错后不会因为害怕承担责任而逃避或撒谎，不会把事情恶化，反而会通过错误成长起来，看到自己的能力，从而变得更加自信。

你会发现在日常生活中，真正涉及逻辑后果的事情并不多，大部分事情都是孩子自己影响自己。

逻辑后果问题和自然后果问题的出现是有分界线的。一个孩子在3岁以前什么都不会做也是很正常的，你不能要求一个3岁的孩子有所有的能力。所以，我们讲到权责利一致的时候，你应该已经意识到，在谈论逻辑后果时，要看孩子是不是已经有能力来承担这个责任。

为什么我要特别强调年龄？一个五六岁的孩子，要让他自己承担全部责任是不是现实？这一点我们要根据权责利的逻辑后果来分析。随着孩子年龄的增长，在孩子青少年阶段，我们就需要看到他是不是故意犯错的，他是否有这个能力来承担后果。

如果孩子不小心把水杯打翻了，因为他不是故意的，所以我们不能把这看成严重的逻辑后果。但是，如果他拿了一杯水往你脸上泼，或者在荡秋千时，明明知道自己该下来却死活不肯下来，这才叫逻辑后果。

有的时候，我们很难判断孩子在某个年龄段应不应该承担后果，我给大家一个标准，那就是看孩子是不是故意的。

比如孩子玩完玩具，故意把玩具乱放，增加你的工作量，这个时候你一定要管。但是如果孩子是没有意识的，他还没有成长起来，这就不算逻辑后果！再比如，孩子不小心打翻了一杯水，水洒在了电脑上，使得整个电脑烧掉了，即使这件事情后果很严重，由于孩子是无意的，所以也就不是逻辑后果了。如果他是故意把水倒到电脑上的，这就是要解决的。

所以，故意与否，是判断孩子某个年龄段有没有能力承担后果的主要依据，因为当他故意做某件事的时候，也就意味着他有能力收得住了。在具体问题中，你要去看孩子故意与否，这一点很重要。因为权责利比较抽象，我们很难判断哪个年龄段的孩子应该有什么样的能力，所以我们能够做的判断之一是孩子是否是故意做某件事的。如果他故意做这件事情，造成逻辑后果，这个时候家长是肯定要出手的，但如果他是无意中造成这个后果的，作为父母只能帮他承担赔偿责任。孩子故意做些事情去影响他人，这些事情才是我们家长真正应该管的。

比如四五岁的孩子，在家里玩玩具，会把家长刚收拾好的玩具再打乱。家长就会认为孩子是在和自己对着干。但是如果孩子觉得这是个游戏，那这就真的是个游戏！四五岁的孩子，他的演技不会有这么好。蒙台梭利在《童年的秘密》里就讲道：孩子的秩序感跟我们成人的秩序感是不一样的。比如一个杯子放在桌上，我们会觉得这样放很不顺眼，所以把杯子拿下来。但是孩子却会很生气，他就想把杯子放在桌子上，因为这就是他觉得“有秩序”的样子。你总是拿你的秩序感去改变孩子，孩子就很不爽了。如果你让这个杯子在桌子上放几天，孩子自然就把这些过滤掉了，到时候你再偷偷地把杯子拿下来，他一点问题都没有。

同样，我们经常看到父母跟婴儿吵架，虽然听上去很无聊，但这是真的。《童年的秘密》里还讲了一个故事。故事里讲一个小孩特别喜欢咬枕头，枕头上有朵花。保姆就觉得这朵花有什么好咬的，又没香味，于是就给孩子拿了朵真的有香味的花，但孩子很生气，就不要这朵真花。

每个问题背后都会有一个更深层次的需求或困惑问题，家长在这个过程中要去判断孩子是不是故意的，他有没有恶意。你要知道，真正的熊孩子做事有恶意，成人是能感受到的。

逻辑后果问题的处理方式有两种：第一种是直接惩罚，事先说明的惩罚其实并不会给孩子带来创伤，只要不是暴力行为，让孩子事先知道做什么会被惩罚，一旦因为这样的事情被惩罚，会让孩子有规则意识；第二种方式是把逻辑后果变成自然后果，在合适的时机，让孩子感受到逻辑后果的讨厌之处。比如，孩子在公园里玩荡秋千，先说好 5 分钟后给别人玩，同时约定如果不下来的惩罚措施是不能继续玩，要回家。如果他到时间还是怎么都不肯下来，那么家长可以用的第一种惩罚方式是，直接把他抱下来，允许他哭泣，但要告诉他他做错了，所以今天就不能玩了，要回家了。第二种方式是让他到后面排队等待，在等待的过程中，让他去体会别人不愿意下来，他不得不额外等待的焦虑。其实，孩子比家长更会审时度势，如果父母规则清楚、赏罚分明，孩子能很快调整自己的行为。

总结来说，如果某个问题产生的是自然后果，那么就应该让孩子自己去承受结果。在承受多次以后，他就会想着自己去改变，如果你不让他去承担，直接出手，你的自我就会变成孩子的自我。而如果一个问题产生的是逻辑后果，后果是由别人来承担的，并且无论父母如何等待，孩子都不会有自己改变的想法，甚至会变本加厉地损害他人，只顾自己的利益，这个时候，父母就一定要出手制止，并给予相应的惩罚。否则，孩子可能就会变成熊孩子。有时候，有些问题分不清是成长中的问题还是必须要处理的逻辑后果问题，这时父母就需要有一双慧眼，去辨别孩子是故意还是无意的，并且区分问题的后果损害了谁的利益。

无论是自然后果问题还是逻辑后果问题，父母如果能有责权利一致的意识，问题的解决就会变得更简单一点。给予孩子一定的责任和权利，让他享受结果带来的好处，也承担结果带来的问题，长此以往，孩子就能慢慢区分问题的性质，把控自己行为的边界。

3~5 个底线问题

实际上，我们人生中 80% 的问题都不需要处理，只有 20% 的问题需要处理，这些问题都可以用技能法来解决。此外，在孩子的每个阶段，父母还有 3 到 5 个底线是必须要坚持的，因为这种事情的后果，我们承受不了，所以这种问题必须非常严肃地和孩子说清楚。在我儿子 3~8 岁的时候，我们家有 3 个底线：过马路时必须停下来等妈妈；上学不是可以讨论的问题，是法律规定必须要上；不能做让自己或别人流血的事情。

我家孩子可以在人行道上跑，但过马路必须停下来等妈妈。如果过马路的时候他先跑了，那么以后就只能拉着大人的手走路，再也没有跑的权利了。可能有些家长会说：这样会很危险啊！其实，我们可以先在小区等一些比较安全的地方对孩子进行训练，让孩子随便跑，但等到要过小区里的车道时，他就要停下来等妈妈；走到转角处要停下来等妈妈，让妈妈能看得到他……因为孩子自己是没有这个意识的，这个自然后果也由他自己承担，如果孩子被撞了，这个后果也是我们不能承担的，所以我们可以对孩子进行反复训练！剩下的事情就不那么重要了，孩子磕磕碰碰也是很正常的。

再比如，在我们家，孩子是必须去上学的，他只能选择是妈妈送还是爸爸送，想带这个铅笔盒还是那个铅笔盒，想带这个玩具还是那个玩具，但上不上学是不能被讨论的。孩子上小学的时候我们就告诉他，上学是他的义务，也是他的权利，这是法律规定的。虽然小孩子还不懂什么是法律规定，但是特别能看懂父母坚决的神情，养成习惯后，他就基本知道上学是没有商量余地的。所以，孩子们从来不和我们讨论某天不想去上学的问题。

我们的底线无非就是在安全性上，家长可以自己想想，还有什么底线是自己必须出手的。比如虽然是自然后果，由孩子自己承担，但这个后果却是我们不能承受的，这些底线就是我们必须坚决制止的问题，犯一次错误我们都很难承受。或者是法律规定的必须要做的事情，比如教育就属于这类。

为什么要设置底线？这实际上是在梳理父母教育孩子的原则和能承受的最大代价。我并不认为孩子需要完全的自由。打个比方，相较于在游泳池游泳，人们在大海里游泳并不一定觉得安全和舒服，因为大海没有边界；但如果你在游泳池里游泳，就会觉得比较安全。但如果这个游泳池一会儿大得看不到边，一会儿窄得能把你夹死，它的边界是变化的，你还会觉得安全吗？你会跳进这样的游泳池吗？父母比较容易犯的错误就是原则不清晰，一会儿说好给孩子自由，一会儿又收缩。这种变化的边界对孩子来说是没有什么好处的，因为会让孩子成为一个机会主义者。

我就看到很多父母在处理孩子的问题时，背后没有规则和逻辑。今天回到家里心情不好，就说孩子“怎么能这个样子”；过两天，心情很好，就说“宝宝，妈妈觉得你很认真”。孩子会觉得：我妈批评我跟她的心情有关，跟我自己没有关系。更多的时候，是父母没有想明白管和不管的理由到底是什么。所以，父母需要经常问问自己：在处理问题的时候，我们的逻辑是什么？父母需要有一套比较稳定的原则体系，包括底线和处理事情的原则，这样孩子才能逐渐清楚父母的边界，从而更有安全感。而且这个底线必须针对真的很严重的问题，一般情况下孩子是不会碰触的。

很多父母经常问我：撒谎到底是不是底线问题？很多父母把

孩子撒谎看作非常严重的问题，但实际上，撒谎的问题也需要根据孩子的年龄和具体的问题来分析。

《识破谎言》的作者帕米拉·梅尔针对谎言就说过这样的话：“我们不得不承认我们希望变成更好的丈夫、更好的妻子，变得更聪明、更有权力、更高、更富有……欺骗是人们希望在现实与愿望之间架起桥梁，把我们理想中的自己、理想中的生活、种种心愿和幻想与现实中的自己联系起来。我们用谎言来弥补现实与幻想之间的差距，这其中的很多谎言都是善意的谎言。”

其实对孩子来讲，谎言也是分成不同类型的。对有些聪明的孩子来讲，撒谎是他审时度势的过程；而对于有些孩子而言，他其实是无法分辨什么是撒谎的。

下面，我讲一个我们优势累积教育法学员群里一位妈妈的例子。

一天晚上，哥哥不知道因为什么事情去追弟弟，而且很重地抓了弟弟的手臂，弟弟哭着跑了出来。

妈妈就问弟弟发生了什么事，弟弟说哥哥抓得他手臂很痛。可是哥哥否认说没有抓弟弟，只是摸了他一下。

妈妈当场批评了哥哥，哥哥不开心，就跑到房间，把门锁了起来。

后来，妈妈发现自己的手机找不到了，就敲门问哥哥，手机是否在他的房间，哥哥说没有看到。妈妈让哥哥开门后，再打自己的手机，看到手机就在书桌上。

妈妈问："手机不是在你那里吗？怎么会没看到呀？"

哥哥说："前面看到过，后来就没有看到了。"

妈妈把手机打开，发现有两个电话显示已取消通话，肯定是被按掉的。

妈妈实在火大，说："你现在撒谎都不用打草稿了，我说过说谎是我最不能容忍的事！"

于是，家里爆发了家庭战争。

群里的学员安慰这位妈妈说：事情还没有弄清楚呢，别给孩子贴标签。

妈妈在群里的讨论冷静之后，为没有问清楚情况就批评哥哥道歉。在取得了哥哥的谅解后，妈妈和哥哥进行了交流，才发现哥哥是担心妈妈责备他才撒谎的。而哥哥生气的原因是，平时大人让他在外面学的兴趣班太多了，导致他没有玩的时间，这件事让孩子对大人很反感，平时凡事都得讨价还价，所以家里也处处是磕磕碰碰的，这导致哥哥变得非常容易生气。而这一天，他难得有时间玩一下，又被弟弟搞砸了，所以特别生气。

但哥哥的这种生气一直被看作无理取闹，他觉得自己也没办法说清楚，于是撒谎成了一个解决问题的途径。

妈妈听到儿子的解释，突然意识到撒谎背后的问题也许比撒谎更严重。

因此，在考虑是否把不能撒谎作为底线的时候，你需要理清楚，到底在什么情况下，孩子不能撒谎。因为如果你设置的底线很容易碰触到，孩子是无法坚持的，确定这条底线的一个好方法是问问自己：我是不是能在任何时候、任何场合都能做到？

比如，你带孩子出门的时候碰到一个人，这个人长得很丑，当孩子说“这人怎么长得这么丑”的时候，你对孩子说“你不能这么说”，可你自己却在这个人走过去之后说人家长得丑，这里就有矛盾了，这显然就不是底线了。甚至有的人当面称赞他人，背后又说人家坏话，那这也不能称为底线。因为如果底线很容易被破掉就没有价值，这是底线问题的核心要素。

找到 3~5 个底线（一定不能多）的关键是这些底线是全家都要遵守的，并且真的是非常关键且重要的。

找到问题背后的问题

如果用了以上方法，父母依然觉得孩子问题很多，那么可以进一步思考这个问题：问题背后的问题是什么？每个问题背后一般总是有更深的问题存在，如果我们没有找到更深的问题，而是简单地就问题谈问题，往往不仅问题本身得不到解决，甚至本来不是问题的也变成了问题。

家长们经常会碰到这样的情况。孩子考试考砸了，回到家里，你态度很好地对孩子说：“宝宝，考砸啦？那我们就下次再努力。”可孩子却在那边发脾气。碰到这种情况，父母就会很生气：我都没有批评你，也没有说你什么，你有什么资格回到家里来发脾气呢？或者父母对孩子说："不要哭，哭没什么用。"但这句话其实也没什么用，因为要他不哭并不解决任何问题，只是把他的情绪压制住，不让他表达出来。

找到问题背后的问题很重要：为什么他考得不好，父母都没有批评，他还发脾气？如果父母愿意去倾听孩子，会发现很多孩子是因为"懊恼"才发脾气的：觉得自己很努力，明明能做好，却因为一些原因考砸了。所以，他们发脾气实际上是对自己的不满，是上进的一种表现。如果父母能意识到这一点，就会允许孩子发泄情绪，就能接受孩子发脾气了。

有个妈妈一直跟我说，她家的孩子总咬指甲。我问这位妈妈：孩子咬指甲大部分是在什么时候？妈妈回答：她做作业、上课、考试都会咬指甲。你会发现，孩子很多时候是因为压力大才咬指甲的。如果你不能解决孩子的压力，咬指甲这个问题也就不能解决，除非给孩子找到另一个释放压力的方法。父母找到问题背后的问题，才能给予孩子更好的支持和帮助。比如我的女儿也曾经因为压力大而咬指甲，我们一起讨论了这个问题后，积极寻找解压的其他方式，同时通过孩子主动涂"苦指甲油"来解决。

同样，拖拉这个问题背后就至少有四种可能性。

第一种是父母的节奏和孩子的节奏不一样。由于孩子的能力还没有到位，他做事时的确需要更长的时间，可是家长的脑海里有一个所谓的"正常的孩子"，或者"别人家的孩子"，认为完成这项作业根本不需要那么长的时间，孩子完全可以在更短的时间来完成。但是对于孩子来讲，可能不是性格的问题，而是在这个年龄段，他没有家长想象的那样快速。

这种情况就需要家长来调节一下。别人家的孩子有可能 1 个小时就能完成作业，但你家的孩子可能手腕力量没有发展起来，他过去的训练不够，或者做这项作业本身的节奏跟你想象的不一样，所以就需要更长的时间。甚至你脑子里那个“别人家的孩子”，可能是 40 个孩子里面少有的完成作业比较快速的，绝大部分孩子都不会这么快。

而且你还会发现，不仅仅是做作业，孩子早上起床或者吃饭，都很慢。尤其是早上起床时，你觉得明明可以更快出门，孩子却还要这里动一动，那里动一动，于是你就特别着急。如果这些情况都有，我们基本上可以判断妈妈或爸爸的节奏和孩子的节奏不吻合，解决这个问题主要靠爸爸妈妈调节，你要放慢你的节奏，去跟着孩子的节奏前进。如果这时再用上优势累积教育法里的正面标签法，当看到孩子某一次的速度很快，完成得也很好的时候，就去表扬孩子，你会发现这个问题很快就能解决了。

第二种是某一个点对孩子来讲难度太高了，他真的做不到。对家长来讲，某个题目特别容易，但难度却超过了孩子目前年龄所能接受的程度。我们在“优势累积”的课堂上，给学员们看过一段采访孩子的视频，其中一个孩子就说：“爸爸，这道题我实在做不出来！我真的不知道怎么做！所以我就很慢，你不要着急！”孩子就讲出了自己的心声。

在这种情况下，家长要注意的就不是这道题该怎么做，而要允许孩子不断地探索，而且就算这次做对了下次还会再做错，孩子需要反反复复去尝试。更重要的是，我们真正要用观察的方法去看孩子在哪个点上碰到困难了，我们怎么能帮到他；在哪个点上他做对了，我们需要及时地对他可复制的正确行为进行肯定。

第三种是孩子叛逆，和父母对着干，每次父母希望他快一点，他就通过慢一点来寻找存在感。你叫他早起，他一定要慢慢起来；你让他快点做作业，他偏偏消磨时间，不好好做。如果是由于孩子叛逆而导致的父母眼里的“拖拉”，这和前面两种情况就完全不同了，这种拖拉背后是亲子关系出了问题，孩子的归属感出了问题，而不是动作快慢的问题，是父母教育方法不当的后果。要解决这个问题需要全面调整亲子关系。

第四种是孩子真的是性格比较慢，做事情比较细致、追求完美，所以他需要更长的时间完成。那这种情况其实也不是所谓的拖拉。

因此我们要问：到底什么是拖拉？你会发现，这个问题其实没有那么好定义，不同的孩子可能都会被父母抱怨拖拉，但背后的问题是不同的。第二章讲到的观察和记录表对于找到问题背后的问题也非常有用，通过观察和记录，父母可能会更好地看到问题背后的问题，找到解决的关键。

问题背后一定有问题，只有父母愿意多思考，积极寻找问题背后的问题，才不会误解孩子，才不会那么轻易地给孩子贴负面标签，才能真正帮孩子成长。

两害相权取其轻

在解决问题的时候，还有一个重要原则是：两害相权取其轻。因为很多时候，解决一个问题常常会带来另一个问题，所以，要有一个两害相权的过程。比如上文提到的如果在孩子四五岁就要求他写一手好字，很可能会导致孩子的写字姿势不对，甚至让孩子讨厌写字，对此我的选择是孩子写字从小学开始，虽然这样做的确会有一些压力，因为别的小朋友都已经写得很好了。不过，如果这是我们自己的选择，我们有准备，那么在面对这些问题时就不会那么焦虑。

我儿子的自动铅笔经常坏掉，我就告诉他：“我没有时间去给你买笔，实在不行，你就只能用削的铅笔了。”他就不得不自己承受这样的自然后果，回到用削的铅笔的时代。

但我们家橡皮可以随便用，因为我的原则是两害相权取其轻。

在我儿子刚上小学的前两个月，被他弄丢、搞碎的橡皮已经不下七八块了。

帮他复习功课时，如果我们刚好需要橡皮，却怎么也找不到的话，那种怒火真的是想克制都很难的，因为橡皮虽然普通，但一时还真是找不到替代物！

为了橡皮的事，一直不发火的我发火频率到了历史新高！

一天，我正在检查儿子的作业。刚打开他的写字本，我就看到他又把几个字全写错了，抄都会抄错，真是服了他了。在我和他商量着要把那几个错字擦掉的时候，我发现他的橡皮又不见了。

“橡皮呢？”

他愣了愣，打开铅笔盒开始很认真地寻找橡皮。可是橡皮并没有乖乖地待在铅笔盒里。

接着，他又把写字台上堆着的本子移到另一边，继续翻找。

我看看他本子上如蜘蛛一般张牙舞爪的错字，再看看被他翻得乱七八糟的写字台，渐渐失去耐心了。

我跟女儿大叫：“把你的橡皮借给他用一用！”

可是，女儿却回答我说：“妈，我的橡皮也不见了，一定是被弟弟偷偷拿去用了！”

听了女儿的话，再看看满世界寻找橡皮的儿子，还有他那让人扎心的字，我真是气不打一处来。

没有橡皮怎么办？总不能让我蘸了口水把字擦了！

痛定思痛！到底是让自己不断发火生气，孩子被批评，还是索性牺牲一点经济利益，去买一大盒橡皮不怕丢？我在朋友圈把这个问题抛出来，各种回答都有：有支持的，因为有共同经历，觉得因为橡皮减寿、影响亲子关系太不值得了；有反对的，认为这样会宠坏孩子，让孩子不爱惜物品，养成丢三落四的习惯。

两种意见都很有道理。但是，人生大部分的选择都是两害相权取其轻，哪有什么完美方案啊！

想明白了，第二天，我一口气买了一盒橡皮回家。

我把橡皮摆在儿子面前，告诉他：“这下我们不怕丢橡皮了！”

儿子接过装橡皮的盒子，数了数，一共 30 块。他捧着盒子，像是获得了珍贵的宝贝。他扳着手指开始计算：“哇！30 块橡皮！如果每周丢一块，能丢 30 周呢！”

看着儿子开心的样子，我却有些担忧，我问老公：“我是不是太宠儿子了啊？我就是觉得孩子学习压力也大，与其天天纠结橡皮的问题，不如看看这样的浪费到底会有多大！”

老公表扬我说：“你做得好，这是减少家庭摩擦的好方法。现在，就等着看看，儿子多久把这一盒橡皮用完？”

事实是：儿子计划每天都丢橡皮，哪是一周一块啊！但神奇的是，一些丢掉的橡皮总是不经意地又冒出来了，这样来来回回，一个学期下来，这盒橡皮只用完了半盒，而我也可以心态很好地面对找不到橡皮这件事，用更好的心情和儿子相处，帮他复习功课。

与其因为陪孩子写作业到心梗、高血压，我还是选择牺牲一点经济利益吧。两害相权取其轻是不错的选择思维，尤其在面对一个熊孩子时。其实孩子越专注，就越看不住自己的东西。铅笔、橡皮没有了，没有关系，但试卷没有了，就只能让孩子自己去承受这个自然后果，第二天被老师批评了。

也有朋友批评我：这会让孩子不爱惜物品，但是我觉得这是两个问题，因为小孩找不到文具并不是故意浪费，而是他们真的管不了这些小事，这是成长正常的过程。

两害相权取其轻的原则可以很好地帮助我们解决问题，我们只需要把代价控制在自己可以承受的范围内就行了。

本章重点

中国的父母特别擅长发现问题，非常擅长用各种语言告诉孩子“你错了”，但是研究却告诉我们说“不”的力量来自“是”。父母只有经常肯定孩子，偶尔说“不”才能起作用。减少说“不”的一个有效方法是父母要重新认识自己认为是问题的那些问题的性质。很多问题其实并不是孩子的问题，而是我们无法改变的，有些问题会随着成长而消失，还有一些问题完全是孩子无意的，这些问题其实父母都可以放一放。如果有那么多问题要处理，父母是很难控制各种形式的“不”从嘴里和行为上表达出来的。通过减少需要处理的问题，减少父母纠错的频率，让父母能把更多时间和关注放在孩子的优点上，也能更有效地处理问题。

此外，父母还需要区分这些问题是情绪问题还是会产生自然后果的问题，或者是会产生逻辑后果的问题。剩下的 20% 需要父母处理的问题常常是那些会产生逻辑后果的问题。也就是说，如果没有外部干涉，孩子不得不承担其直接后果的问题。对于那些自然后果问题，父母其实需要给予孩子空间和时间，让孩子自己去承受和解决。试错本身就是孩子成长的一部分，孩子通过承受结果，找到调整行为的驱动力，从而找到解决问题的方法。而对于那些产生的直接后果由他人承担的逻辑后果问题，父母最好及时出手管理，帮助孩子意识到问题，并让孩子改变行为。否则，没有边界的自由会养出一个熊孩子。确定了问题的属性，父母就能减少焦虑，容许某些问题的存在。

但是，家庭中也会有一些底线问题，即孩子犯错的代价大到很难接受的问题，底线问题不能多，一般设置 3~5 个即可，可以给孩子非常清晰的容忍边界。

除了区分问题，在遇到问题的时候，还需要找到问题背后的问题。之前提到的观察和记录表能帮助父母找到问题的实质，从而更好地解决问题。

没有解决问题的完美方案，父母处理问题的智慧在于找到问题背后的问题，能两害相权取其轻。智慧的父母带孩子更轻松。

小贴士

教育孩子之前想一想：这个问题是谁的问题，是什么性质的问题？孩子犯错是故意的还是无意的？

06

小拐杖：

“技能法”把问题变成技能

教育孩子、培养孩子真的是一件很不容易的事情，无论父母的育儿理念多么先进，执行得如何完美，孩子依然会出现层出不穷的问题挑战父母。在上一章，我们对父母在教育孩子过程中遇到的问题进行了梳理，消除了 80% 的问题，但依然有 20% 的问题需要父母帮助孩子，比如男孩 5 岁了，还整天尿裤子，怎么办？孩子控制不住自己的情绪，遇到问题总是用拳头说话怎么办？……

没有一个孩子的成长能一帆风顺，总是有一个又一个的问题需要解决：这些问题是孩子成长的机会，它们最终将由孩子自己来解决，父母只能在一旁起到辅助的作用。这些问题的解决往往需要时间，不是父母讲完道理，孩子就能马上改变的；这些问题的解决也是需要方法的，单纯的奖惩刺激并不一定能帮到孩子。

孩子只有通过解决一个个问题，学会一个个技能，才能成长为一个自信独立、有学习能力、有担当的成年人。

解决问题的主体是孩子，而不是父母

每一个问题都是孩子成长道路上的挑战，也能增强孩子自己解决问题的能力，是孩子学习和社会共处的机会。如果解决问题的主体是父母，那么对孩子来说，就失去了一次学习和成长的机会，当再次发生类似事情的时候，孩子还是做不到充满信心地自己解决问题。所以，孩子的问题一定要让孩子成为解决的主体，这是父母要牢记的。

但有的父母总是觉得自己的孩子年龄小，找不到办法，或者即使找到办法也很幼稚，从而越俎代庖。父母需要相信孩子，如果孩子解决不了，他也许会放一放，过一阵子再尝试，最后总能找到自己的解决方案。父母如果没有这样的信任，孩子就很难有自己处理问题的成长空间。所以，对父母来说，忍一忍、等一等，有时候是非常重要的。

当然，我并不是说父母就袖手旁观，完全让孩子自己来解决，而是强调父母要谨慎出手，要给孩子留自己解决问题的机会，父母在一旁倾听孩子的方案，让孩子有试错的空间，在一旁起到陪伴和偶尔搭个台阶的作用。问题的解决执行不是依靠父母的强制，而是让孩子用自己的方式去解决，让孩子成为解决问题的主体。

如果父母愿意信任孩子，从孩子的视角寻找解决问题的方法，允许孩子用他自己的方法来解决问题，常常会有惊喜。

我儿子上三年级时有一天回到家哭着说自己被打了。他被揍了几拳，还被推搡在地。被这个孩子打不是第一次，以前也被打过，但是都不严重，这次显然是被打得太疼了，他哭得很厉害。

我问儿子两个问题：这个打人的孩子是只打你一个人还是别人都打？他打你的时候，你身边的同学怎么说？儿子回答："这个孩子经常打人，他谁都打，一不高兴就打人，不仅打我，也打别人。这次他打我的时候，大家都批评他，都说他不对。"

通过这两个问题，我排除了儿子被霸凌的可能性。因为如果是霸凌，那么当大家都敢怒不敢言，又只针对他的时候，孩子很可能依靠自己的力量就无法解决了，需要父母出面和学校沟通。但如果不是霸凌，一般的男孩子之间的争吵和身体冲突，是儿子必须学会处理的，未来这样的事情还可能发生，这是儿子成长的机会，也是他成为一个男子汉需要处理的伙伴之间的肢体冲突问题。

我问儿子："你希望妈妈怎么帮你一起来解决这个问题？"

儿子回答："你和我们老师说一下，我希望他明天向我赔礼道歉，并且我会告诉他，我不原谅他，因为打人是不被原谅的。"

我觉得这个要求很合理，于是给儿子的老师打了个电话。老师表示她已经从别的孩子那里知道了事情的来龙去脉，的确是那个孩子做错了，她会让他赔礼道歉的。

第二天，老师给我打来电话，告诉我打人的同学已经向儿子赔礼道歉，结果儿子马上表示原谅了那个孩子。

由于打人的孩子和儿子是同桌，所以我老是担心这样的事件还会发生，就询问需不需要帮他换位置，让他和原来那个学习好的女生一起坐。

儿子拒绝了。他的理由有两个：第一，如果自己不愿意和打人的男孩坐的话，那全班就没人愿意和他一起坐了；第二，原来那个学习好的女生管自己管得太多，自己觉得比较烦。

我内心其实非常希望借此事件让他重新和那个一直帮助他的女生一起坐。但是我牢记“谨慎出手”的原则，所以最后还是选择了尊重孩子的决定。

不换座位，那个打人的孩子又不可能马上改变，所以之后儿子被打的情况还是经常出现。我发现他回到家经常画画，在画里，他把自己画成了超人，在对着一个小个子的人或发脾气，或讲道理，或摆出揍对方一顿的姿势。我一看到这个就知道他在学校又被打了，被打以后没地方发泄，就只能回家画这样的画来发泄。

但是，在这个过程中，我也发现他自己在不断找解决问题的方法，比如带书到学校去分享给同桌，或者多带块橡皮去学校。

一个学期后，我发现这个问题好像解决了，因为他不再画类似的画了，而且告诉我，那个孩子现在已经是他的兄弟。虽然那个孩子还是会打人，但不会打他了。

这整个过程，其实我忍得有点辛苦，并且常常觉得有非常容易的方法去解决，没必要让孩子自己去冒这样的风险。身边的老人也给我压力，觉得我不管孩子，不是个尽职的好妈妈。

可是，我一直做这方面的研究，很清楚地知道，如果我帮他解决了问题，他自己解决问题的能力就不会成长起来。如果在孩子小的时候，我们不让孩子自己寻找解决问题的方法，每次都帮他找到解决的方法，当父母不在身边的时候，孩子很可能无法自己找到解决问题的方法。

其次，如果每次遇到问题都是父母解决的，孩子也很难产生自己能解决问题的自信心，这份自信心其实非常重要，不仅影响某一事件的处理，也会影响孩子对其他事情的处理。让孩子自己去摸索，用自己的方式解决问题，是避免孩子未来逃避责任和问题的最有效途径。

最后，我对儿子解决问题的方式感到吃惊。作为母亲，自家孩子遇到一个打人的孩子，我本能的、自私的想法是把打人的孩子和我的孩子隔离开，但是，我的孩子却不是这样想的，还想着帮助打人的孩子，想着如何和他做朋友。最后，他也用自己的方式（虽然我一直都没有搞明白他是如何做到的）达成了自己的目标。所以有时候，孩子比我们想象的要更为高尚、勇敢和有能力。

人世间大部分的爱都是为了在一起，唯独我们对孩子的爱，是希望在分开之后，孩子能自己过得更好。父母不可能永远陪伴在孩子身边，所以我们必须学着放手，让他找到自己的生存之道，找到自己和社会和谐共处的方式。

我们做父母的，要相信孩子总能找到解决问题的方法，给予孩子成长的空间。因此，解决问题的主体一定要是孩子，而不是父母。

孩子自己解决问题需要比父母想象的更长的时间

我儿子解决自己被打的问题足足用了一个学期。为什么父母会觉得忍和等很难？其中一个主要原因是，当我们让孩子自己解决问题的时候，会发现他需要的时间比我们想象的要长得多，而且我们并不确定他是否真的能自己解决。但父母给出意见方案，如果孩子能够遵照执行，很快就能有效果或达到目标，这个前进的道路是直线往上的。如果孩子自己解决问题，道路则是弯弯曲曲的，甚至他们经常走冤枉路，因为自己摸索的过程肯定慢于完全按照别人说的做。

那为什么还要让孩子自己摸索呢？首先，如果在日常生活中不培养孩子摸索道路、探索事件背后规律的能力，那么孩子以后只能人云亦云，自己解决问题的能力和创新思维都不能发展起来。第二个同样重要的理由是，孩子自己想出来的办法或摸索的道路他才有动力坚持走下去。父母给的方案，很多时候不见得马上见效，只要一遇到问题，孩子就很容易放弃，因为他们在执行这些方案时没有内生动力，只能依靠外部强制力量执行。这样，不仅孩子能力成长不起来，亲子关系也会因此而恶化。

尤其在学习上，很多家庭的情况是：不谈作业，母慈子孝；一谈作业，鸡飞狗跳。80% 的父母都会抱怨孩子学习自觉性差的问题。

孩子要养成好的学习习惯，有自我学习能力，其实需要很长一段时间，有的孩子需要两三年，有的孩子需要四五年。但是，很多父母从一年级就开始抱怨：孩子做作业总是要拖到最后一刻，你不看着他，他就不好好做作业。这种抱怨从孩子上一年级开始，会一直持续到初中、高中。

遇到这样困惑的父母，我常常问他们：你有没有给过孩子机会，让他自己去解决问题？有些父母告诉我，他们给过孩子机会，结果孩子拖到最后都没有做完，第二天被老师批评了。这些父母说："他没有达到要求，所以我就批评他了。"好一点的父母会说，他们给了孩子一周的时间，让孩子自己安排自己的时间，可是孩子完全没有自控力，最后，他们不得不重新接手。

在父母的心目中，一周已经是很长的一段时间，一个月就是非常非常长的时间；给孩子一次犯错的机会可以接受，两次已经觉得有问题，三次就很难容忍了。可是，在孩子成长的时间长轴中，一个星期或一个月都是非常短暂的时间，要培养一个孩子的学习自觉性，和他的身体发展相关，很可能需要 3~5 年时间，只有让孩子不断试错、不断调整，他才能找到自己的内驱力和自觉学习的方法。而如果要给一个孩子自我探索问题的机会，一次两次并不一定够，有时候需要 7 次机会孩子才能改进。

而在这一过程中，父母也不是什么都不做。父母需要找到方向，明确自己的定位，给孩子搭好台阶，这样才能让孩子在3~5年的时间里真正成长起来。这个过程并不容易，但是，父母一旦做到方向正确，孩子自己的能力成长起来以后，父母就比较轻松了，只需要和孩子做朋友即可。如果父母很着急，忍不住出手干涉，打乱孩子的成长节奏，剥夺孩子探索的机会，给孩子贴上不自觉的标签，那么之后的几年，父母会更加辛苦，因为他们不得不时时刻刻都守在孩子的身边，预防出现各种问题，帮孩子解决各种问题。更糟糕的是，孩子还会和父母对着干。父母所花的时间、精力和金钱会更多，而且还不见得有效。

因此，父母要做好心理准备，在孩子早期自己探索解决问题的过程中，给孩子一个更为宽松的时间和空间，把对这些问题的探索看作长期战，孩子在其中奋斗，父母在一旁给孩子提供能量支持和帮助孩子调整情绪就可以了。

当然，在长期的探索过程中，父母可以把问题分解为一个个小问题，一个阶段解决其中一个小问题，逐个击破，这样孩子的成长会更顺利。

父母不焦虑，给予孩子足够的成长时间和空间，孩子才能有信心，更少压力地去解决问题，总结问题背后的规律，找到自己独特的解决方式。

把问题变成技能

让孩子成为解决问题的主体，给予孩子充足的时间和空间去探索，并不意味着家长放任孩子，完全不管不问。因为孩子在探索的时候经常会遇到过不去的坎儿，这个时候如果父母能提供有效的帮助，对孩子来说就是一种重要的支持。但这种支持并不是我们和孩子分析问题是什么，应该怎么做，而是让孩子把问题变成技能，探讨孩子获得了哪种技能，就能够解决这些问题。这种方法就是技能教养法。

在日常生活中，孩子总会碰到各种各样的问题，家长也会给孩子各种指导，总觉得自己已经说得很具体，孩子按照自己说的做就能做得很好。比如，小孩子喝水容易把水杯打翻，这时候家长就会对孩子说："你要把水杯端平！把杯子拿到嘴巴边，再把水往嘴里送。"可是，孩子能做到我们想象中的效果吗？其实很难。这里的主要问题在于，家长往往没有看到孩子无助的地方，所提供的解决方法恰恰是孩子做不到的。

芬兰儿童教育学家本·富尔曼先生认为，孩子的问题通常是由于他不具有某种技能，而一旦掌握了这种技能，问题也就消失了。因此，技能法实际上提供了一个解决孩子现存问题的全新思路：让孩子学会某种能帮助他克服问题的技能。

建立这一个理念以后，当孩子有问题的时候，我们就不应该说："你怎么这样子呢？""你这个问题很严重啊！""你要去这么改啊……"我们应该反过来问问自己："如果孩子有这个问题，那么他需要掌握什么样的技能才能把这个问题解决掉？"比如，我儿子有一个阶段入睡很难，我们和他聊按时入睡的重要性不能解决问题，强迫他睡觉也不能解决问题，这时我思考的是孩子需要什么技能才能比较容易入睡呢？我和儿子商量出来的技能是“200 秒不动”：我给他数数，从 1 到 200，他在这期间尽可能保持身体不动，但是我不要求他要睡着，只要不动就好。实际上，一般数到 120 他就睡着了。而之前强调他一定要躺下来尽快睡着反倒让他有压力，入睡反而成了问题。

运用技能法的第一步是，当孩子碰到问题时，要观察孩子到底要掌握哪种技能才能解决他的问题。技能不是要求孩子停止做某些事情，父母想要孩子停止做某些事情是很难的，我们要把“不要”变成“要”。比如，我们让孩子“不要喊叫”，“不要扔东西”，表面上看起来我们也提供了方案，但实际上这种禁令是没有效果的，很多时候甚至会激起孩子跟我们的争执。实际上，孩子对成人负面性的要求大部分都不知道如何反应，因为知道自己做得不对并不意味着知道怎么做就一定是对的。所以，与其说“你不要这样做”，不如说“我希望你去做……”；与其说“你不要对我嚷嚷”，不如说“你要温和地对我说话”；与其说“不要乱扔东西”，不如说“能不能把它们收到你的旁边”；与其说“别踢了”，不如说“让你的左脚碰到你的右脚”……当然，这样的转变只是第一步，并不是说我们一旦转变了孩子就知道怎么做了，但这是很重要的一步，即我们要把“不要”变成“要”。

比如在我女儿学习怎么系鞋带时，我经常会提醒她不要把两根鞋带都捏在一只手里，不要把鞋带的圈打得那么大，不要……很多个不要，一点用也没有。尤其是在学打蝴蝶结的时候，最难的一部分就是怎么让一个圈圈穿过另一个圈圈。那时候，我看到了技能法，觉得"不会系鞋带"这个问题可以转换成技能，于是，我和女儿就发明了"转圈圈"的技能，就是怎么把鞋带打一个圈，再从另一个圈里穿出去。如果没有系出蝴蝶结，女儿会说："哇！穿圈圈又失败了。我再练一次。"我后来就不太关注这个问题了，给女儿比较充足的时间去练习，结果她很快就会系蝴蝶结了，我都不知道她是如何做到的。后来，我们用各种漂亮的绳子进行了一场庆祝"转圈圈"成功的"蝴蝶结"派对。

在通过魔法水排除了80%的问题后，剩下20%的问题应该变成孩子掌握某种技能的方法，通过儿童技能教养法，把问题变成孩子的成长机会，增强他们的能力。

这里，我详细介绍一下富尔曼提出的儿童技能教养法。

儿童技能教养法十五步

为了让大家更好地掌握技能教养法，在这里我介绍一下富尔曼提出的技能教养法十五步。

第一步：把问题转变为技能。这一步是最为重要的。儿童技能教养法相信：解决孩子现存问题的最好方法，是让孩子学会某种能够帮助自己克服这一问题的技能。这一步说起来容易，在实际操作中却是最难的。因为孩子往往有很多问题，尤其是一些复杂的问题，需要父母有分解的能力，并且考虑孩子学习了哪种技能才能让问题消失。但父母常常简单地以为解决问题就是孩子停止做什么就可以了。其实，这个"停止"很多时候对孩子来说是非常不容易的。所以，父母需要考虑如何把“不要”变成“要”。这个思维方向的转变，就是把问题变成技能的转变。

第二步：商定要学习的技能。这一步的关键是这个技能不是父母提议的，而是父母和孩子一起协商出来的，最好是孩子自己提出来的，在未来才更有可能实现。比如，父母已经有把“不要”变成“要”的想法了，可是到底要什么？这是需要和孩子充分协商的。

比如孩子很容易在生气的时候大喊大叫，父母希望孩子不要嚷嚷，但这在孩子情绪爆发的时候是非常困难的，所以，父母需要让孩子知道生气的时候要怎么做才能既发泄情绪，又符合社会礼仪。那么怎么做才是正确的？需要和孩子一起协商，才能找到这个技能。

第三步：探索拥有该技能的好处。让孩子有内驱力、愿意持续学习和掌握这一技能的关键是孩子能理解有了这一技能后，他会获得怎样的好处，这个好处是即时可感知的，不需要很久以后才能知道好处所在。所以，让孩子清楚地理解和感受到这种好处会让孩子有内驱力去掌握这种技能。

这前三步实际上是在确定问题到底是什么，要培养什么样的技能。

第四步：给技能起个名字。富有创意的名字和图表有助于在未来提醒孩子。所以，和孩子一起想一个提到这技能的时候，不让人觉得压力那么大，也不会让人觉得是批评的名字。

第五步：选择一个魔法宝贝，来支持孩子学习这个技能。这个魔法宝贝可以是一只毛茸茸的兔子，也可以是一支笔，还可以是一幅画。这一宝贝的主要功能是给孩子提醒、支持和安慰。

第六步：招募支持者，给孩子加油。这些支持者应该是孩子自己去邀请的身边的人，这些人既对他能否掌握这个技能有一定的影响力，也能经常提醒他、肯定他、鼓励他。

第四步、第五步、第六步都是为了让孩子能更好地开始学习技能做的准备工作。

第七步：建立信心，让孩子觉得他一定能学会这个技能。父母不能简单地说“我相信你”，而是要用过去的事实或已经有的改变，告诉孩子相信他能做到的具体原因，这个原因越具体越有力量。

第八步：策划庆祝的方式，和孩子提前策划学会技能后如何庆祝。用期待来激励孩子坚持下去，尤其是在孩子遇到瓶颈的时候，这一步很重要。

第九步：为技能下个定义，让孩子知道学了这个技能他会有怎样的表现。这一步是把技能具体化，让孩子知道努力的方向。

第十步：广而告之，告诉大家孩子正在学习什么技能。不一定要让所有人知道，但是可以改变身边人的偏见，从而让整个环境对孩子起到支持作用。

第七步到第十步实际上是在为孩子开始学习技能做好支持工作，让孩子有动力和具体方法来学习这个技能。

第十一步：练习技能。让孩子自己想出练习技能的方法，并不断演练。这种练习需要循序渐进，也需要花费一定的时间，所以父母和孩子身边的支持者要给予孩子更多的赞美和肯定来帮助孩子坚持练习。

第十二步：提醒孩子练习。在练习技能的时候，孩子偶尔会忘掉，这个时候需要家长提醒孩子，而这种提醒应该在一开始就商量好，这样孩子才能应对挫败和失败。商量的方式以及万一提醒没有用怎么办，也应该在一开始的时候和孩子讨论好。

第十一步、第十二步是学习技能的关键，提前考虑周到可能遇到的问题和应对方法将有助于技能的持续学习。

第十三步：庆祝成功。一旦孩子达到了预期的目标，掌握了这一技能，就要开始庆祝，并感谢那些在他学习技能时帮助过他的人，这对孩子来说是一个重要的成长机会。

如果孩子没有学会这个技能，父母需要和孩子一起反思到底是哪一步出了问题，从头再来。

第十四步：鼓励孩子把学会的技能教给其他孩子。教是最好的学，这既是对技能的巩固，也是孩子获取积极力量的方法。

第十五步：着手下一个技能的学习。当孩子掌握一个技能的时候，往往是他很有自信的时候。这个时候，让孩子进一步学习，他会充满动力。尤其是对于有很多问题的孩子，让技能排队能帮助孩子一步步成长。

最后两步既可以巩固学会的技能，也可以为学习新技能做准备。孩子就在不断学习新技能、掌握新技能、庆祝学会新技能的过程中，建立了对自己的信心，相信自己一定可以，强化了正确的归属感，从而健康地成长。

技能教养法运用个案 1：孩子尿裤子

很多孩子在小的时候都有尿裤子的问题，家长遇到两三次就会很紧张，于是天天跟孩子讲不要尿裤子，甚至恐吓孩子，但这其实都没什么用，孩子压力越大行为越走形。这个时候，家长不妨去跟孩子沟通，一起讨论看看怎么能够找到尿裤子的解决方案。只要我们把尿裤子问题变成能够掌握的某种技能，那孩子就能比较容易地解决这个问题了。让我们一起来看看《从故事里学儿童技能教养法》里是怎么用技能教养法帮孩子解决尿裤子问题的。

欧莱是个六岁的男孩，每天都会尿湿裤子。这个孩子忙忙乎乎地一直不消停，根本没时间停下来去上厕所。因为每天都尿裤子，所以欧莱闻起来臭兮兮的，他的双胞胎兄弟雷思经常取笑他，叫他“尿尿欧莱”。

欧莱同意学习“在玩的过程中停下来去厕所”这个技能。由于欧莱和雷思总是在一起玩，所以他们的计划是哥俩一起学习。毕竟，如果欧莱能够不再尿裤子的话，雷思就不必忍受一个臭兮兮的双胞胎兄弟了。

两个男孩都给这个技能起了名字。欧莱管它叫“裤子里的蚂蚁”，雷思叫它“温得邦”，这是一款非常知名的汽车车内空气清新剂产品的名字。

欧莱选定的支持者包括他的妈妈、爸爸、雷思和自己崇拜的十几岁的哥哥。另外，他还想让他的姥姥、姥爷，以及奶奶、姑姑安娜和姑姑家两个比他年纪大一点儿的女孩来支持他，欧莱总是仰慕比他大一点儿的表姐。

欧莱用蝙蝠侠做他的魔法宝贝。他的这个选择一点儿也不让人意外，因为欧莱一直是蝙蝠侠的超级粉丝，经常穿上蝙蝠侠的服装把自己扮成蝙蝠侠。

当问到学会了这个技能想要怎样庆祝时，小欧莱似乎早就有了自己的打算。他说，想要一个化装晚会。欧莱和雷思两个喜欢打扮成蝙蝠侠的小哥俩，对于策划这个化装晚会感到非常兴奋。

欧莱每天都在雷思和他大哥的支持下努力地练习他的技能。吃早餐的时候，他会自发地提起“停下来”的问题，计划着“这一天该停下来几次”和“什么时候停下来”。姑姑安娜给欧莱做了一个“裤子里的蚂蚁”的公告栏，凡是欧莱练习技能的日子，无论他练得怎么样，有没有尿湿裤子，都会在上面贴星星。就是说，欧莱得到这些星星不是因为他没有尿湿裤子，而是因为他努力练习了。

仅仅几周的时间，欧莱就在雷思的帮助下，学会了“停下来上厕所”的技能，并且还能连续几天保持裤子干爽。到了举办期待已久的庆祝会的时候了，每个人都穿上了各种各样的奇装异服。最让大家难忘和意外的是，一辈子中规中矩的奶奶，也从服装店里租了一套小兔子的服装，扮起了小兔子。姑姑安娜做了一个蝙蝠侠的蛋糕，欧莱的大哥还让欧莱坐在他的摩托车上带着他出去兜了一圈。

每个人都非常享受这个项目。此外，一些未曾期待的结果也出现了。雷思打算用这个方法学习不再使用安抚奶嘴(是的，他偶尔还会使用它！)，姑姑安娜还利用儿童技能教养法的原理，整理出了一套适合自己的戒烟法。

技能教养法运用个案 2：列竖式技能

我儿子二年级时计算特别容易出错，平时做习题的时候只能拿七八十分，考试的时候，应用题都能做对，但计算老是犯错，也只能拿七八十分。只是简单提醒他“你做作业的时候仔细一点!”“你计算的时候细心一点!”“你能不能再验算一遍?”我发现一点用都没有。

于是，我开始考虑如何把问题变成技能以解决这个问题。

首先，我要明确儿子需要学习的技能到底是什么。我开始仔细观察他做计算题时候的状态。我发现,不管什么难度的计算题，他都喜欢用心算，从来不打草稿。89 乘以 3 等于几，他就在那里思考，默默心算，然后写上结果。我就问他:“题目已经很难了，你为什么还用心算？为什么不打个草稿呢?”

他回答:“妈妈,我觉得是这样的,打草稿很烦,而且效率很低，心算速度很快！考试的时候经常时间来不及，肯定要心算速度才快呀!”原来他坚持一个做法也有自己的逻辑：做数学题心算要比打草稿快，而且打草稿很烦!

于是，我开始和他讨论：真的是心算比打草稿计算快吗？如果计算错了，再订正，时间加在一起不就更慢吗？

讨论很难达成共识，于是，我们决定做个试验，看看到底哪种方式快。有一天，他作业的计算题目正好是两列，我们就决定：一列用心算，我帮他计时，看看他的错误率是多少，另外统计订正时间是多少计算总用时；另外一列用打草稿的方式，要求就是看到题目直接在草稿纸上把竖式列出来，不用心算。第一列心算儿子做得很顺，当他做第二列习惯性地停下来心算的时候，我就马上提醒他列竖式。两列完成后，我们发现心算的速度确实稍微快一点，但错误率极高，再加上订正的时间，相比列竖式慢多了。

通过对比实验，儿子认识到了心算的总体速度并不比列竖式的方法快多少，但是错误率却高很多。于是，儿子同意练习“看到计算题就列竖式”的技能。我们把这个技能叫作“唰唰唰”，就是一看到题目就马上在草稿纸上唰唰唰列竖式计算，他书房里的猴子玩偶是他的魔法宝贝，就放在书架上提醒他。我们还讨论了练习好这一技能后，如何庆祝。

在接下来的几天里，他的每一道数学题都用列竖式的方法，即使在他看来很简单的题目也不能心算。我也作为支持者，经常提醒他。期末考试，他考了一个有史以来的最高分——93分。他对这一成绩很满意，自信心也增加了，觉得列竖式这个技能真的很棒！当有了信心，又发现了列竖式的好处，他就愿意去做了，就不需要我在旁边做监工了。

“唰唰唰”技能帮助儿子解决了计算错误率高的问题。

简化版技能教养法个案：10 分钟游戏法

孩子都喜欢玩网络游戏，而家长又担心孩子会网络成瘾，因此亲子之间经常会起冲突。我儿子也非常喜欢玩网络游戏，而且不到 10 岁的孩子，自控力是很有限的。我不反对孩子玩游戏，但是担心玩游戏时间太长会影响孩子的视力，因此，我和儿子就这一问题进行了讨论，我们最后商定他 10 分钟停下来休息一下。

孩子对 10 分钟是没有概念的，对他们来说，上课的 10 分钟很长，但是玩的时候，10 分钟一会儿就过去了。所以，我们需要把时间外显，同时，他要有“10 分钟”就停下来的技能。

因此，我们就把玩游戏影响视力的问题变成了“10 分钟游戏法”的技能。当然，这是一个简化版的“技能法”，所以我们并没有给这个技能起好玩的名字，也没有动用魔法工具，但是，我们让身边的人都成为他练习这一技能的支持者，也经常讨论养成这一习惯的好处。

在“10 分钟游戏法”中，儿子要学的技能就是在玩游戏前，先用闹钟定一个 10 分钟倒计时，玩游戏时当闹钟响起来，他能把游戏停下，这个放下手机或 iPad（平板电脑）的动作就是他要练习的技能。如果他能及时停止玩游戏，去休息一会儿，那么过 10 分钟以后，他就可以重新拿起游戏来玩。但如果他做不到，那么我或者身边的人就会没收手机或 iPad，等我们觉得合适的时候再给他。当然，我们不会刻意很久都不给他，这个没收的时间只是比 10 分钟要长一点，因为没收不是为了惩罚，而是为了提醒他需要练习这个技能。一般半小时后，我们就又把手机或 iPad 给他，让他再次练习。让孩子觉得他很快又能拿到手机或 iPad 很重要，因为这样他会心平气和地等待，然后有动力重新练习。到最后，他就养成了闹钟一响，就马上放下手机或 iPad 的习惯。

放下手机或 iPad，他会去玩别的游戏，即使过了 10 分钟，他也不一定会马上玩游戏。所以，我基本上没有儿子会玩网络游戏成瘾的担心。而他对自己能放下手机或 iPad 这件事情也很骄傲。

当然，有时候因为过春节和亲戚朋友在一起，会破坏这一习惯。等过了这一特殊阶段，我们会重新练习“10 分钟游戏法”。随着他年龄的增长，这个游戏法变成了“15 分钟游戏法”“20 分钟游戏法”“30 分钟游戏法”。

父母搭台阶，孩子练技能

运用技能教养法最关键的一点是找准技能，而父母对孩子最大的帮助就是和孩子一起讨论，找准技能，给孩子发展搭好台阶。台阶怎么搭？需要练习的技能是什么是对父母最大的挑战。

比如孩子不会系扣子，那么父母需要给予孩子充足的时间去练习，如果父母总是帮助孩子系扣子，孩子就不会觉得自己很厉害，能掌握各种技能。但放任孩子自己探索，父母可能也会很焦虑。这个时候，父母就可以想想，不去纠错，如何给孩子搭台阶能让孩子更方便地学习系扣子这个技能？比如，妈妈可以对孩子说：“妈妈有个主意，你要不要试试看，从最下面的一粒扣子往上系，看看会怎么样？这样的方法，能让你看得更清楚。”孩子接受这个建议以后，发现这果然是个好方法，那么以后也比较愿意听取家长的经验，因为他认识到听取妈妈的意见其实有好处。

如果父母每次给孩子搭的台阶都很实用、很及时，那么就能一直保持对孩子的影响力，还能让孩子成长得更好。

搭台阶也可以用一些道具或者游戏的方法。比如，为了帮助儿子攻克 5 分钟 100 道题的难关，我给他搭了一个“加 10 赛”的台阶。

我儿子上一年级的时候，学校让孩子在 5 分钟内完成 100 道题，来提高孩子的计算速度。结果，他每次只能拿三四十分。我发现，他会计算，但因为没有刷过题，所以速度不快。我当然可以像其他家长一样，让他每天做 100 道题目，这样也许也能提高他的计算速度。但是，我很担心这种简单粗暴的方式有可能让他对数学失去兴趣，或者给自己贴个标签“我就不擅长学习数学”，那他就会对学习数学失去信心，很难学好数学。

于是，我开始仔细观察他为什么计算速度上不去。我发现他直接做“7+3”能很快反应出来是 10，但是做“17+28”的时候，对 7 加几等于 10 反应速度很慢。也就是说，他虽然知道“7+3=10”，但是还没有熟练到让其成为本能反应，因而速度就上不去。如果在计算中能更快地凑 10、100，就能提高他的计算速度。

于是，我就开始考虑如何给他搭个台阶，让他以更快的速度凑 10。我和儿子最后发明了“加 10 赛”的“能量逗”家庭益智桌游：两张牌凑 10 就可以拍铃、抢牌，然后还有“赶快抢”“不要抢”等功能牌。每天回家玩两轮，孩子很开心，一点都不觉得数学枯燥，同时又练习了凑 10 法。玩了一阵子以后，他突然发现:“哇！我的数学计算速度很快!”他觉得自己很厉害，增强了自信心。

“加 10 赛”就是帮助孩子进行加减法速算的台阶。我的一个朋友，用“能量逗”《彩虹乐园》练习孩子的记忆能力，使得孩子的听算成绩提高，这也是给孩子搭了合适台阶的效果。

家长总以为表扬和赞美会让孩子信心十足，能做得更好，但实际上，有效地帮助孩子搭台阶，让孩子依靠自己的力量往上走，对他的帮助更大，让他的自信心有实际结果维护。

当然，这个台阶要高度合适。有时候，父母提了更高的要求，台阶搭得很高，孩子爬上去很难，那么这些台阶很可能也没有用。比如要求孩子考试细心一点，每次计算都要检查一遍，上课要认真听讲等，这些台阶都太抽象、太高，孩子爬不上去，也不能帮到孩子。家长很多时候只看到直线前进的道路，每个台阶都搭得很高，孩子其实爬得非常吃力，速度反而慢；绕个路，多搭几个台阶，孩子反而走得快。

台阶是否能搭得合适，取决于以下几个方面。首先是父母自身看问题的高度。父母要弄清到底是什么问题，解决这一问题的关键是什么，什么样的技能和解决这一问题有关。其次是父母对孩子的了解程度。这方面的内容包括父母能否和孩子共情，了解孩子到底处在什么状况下，到底需要什么样的支持，什么样的技能是孩子可以自己练习出来的。不同的孩子遇到同样的问题，很可能背后的原因是不同的，需要的技能也不同。再次是父母方法的多样性。父母头脑中有解决这一问题的多种方法，不局限于一种方法，这样才能和孩子一起商量出最适合孩子掌握的技能，给孩子搭好最合适的台阶。如果父母只有一种方法，而这种方法孩子又做不到，那么这个台阶就不适合孩子，大人和孩子都会觉得沮丧。最后，在搭台阶的过程中，父母要允许孩子走弯路，走自己想要走的路。有的时候，家长特别喜欢给孩子一条自己认为的康庄大道，台阶也砌得整整齐齐，认为孩子只要这么做就行了，但是那些台阶太高了，孩子很难一下子跨上去，那条路也不是孩子喜欢的。这个时候，要允许孩子走弯路，寻找自己喜欢的路。

这里尤其要强调一下，同一问题很可能背后的原因是不同的，需要的台阶或技能也不同。

我的两个孩子数学考试总是都很粗心，每次计算都很有问题。但仔细观察后，我发现这两个孩子出错的原因是不一样的。

老大特别节约纸张，每次打草稿都打得密密麻麻的，当她要把答案誊写到卷子上的时候就很容易看错。因此，我给老大搭的台阶是给她一张分好格子的草稿纸，每一格只能列一个竖式或打一道题的草稿，让她不要太过于珍惜纸张。

老二则完全不同，打草稿的时候字写得极大，由此导致的后果是他写的数字都是歪的，结果在计算的时候，因为相同位数没有对齐而出现错误。因此，我给老二搭的台阶是打草稿都用条纹纸，这样能有效避免他写歪写大。

所以，虽然他俩都在数学考试中出现计算错误，容易粗心，但是背后的原因是不同的。父母需要仔细观察，找准问题所在，搭好台阶，这样孩子才能练习好技能，有效解决问题。

搭台阶的关键时期

除了孩子遇到具体问题向父母求助，父母需要给孩子搭台阶，培养他的技能，还有两个时刻，父母要主动帮孩子搭台阶：一个是需要向上搭台阶的时刻，即孩子在舒适圈，但各方面显示他已经具备往上走一步的条件了；另一个是需要向下搭台阶的时刻，即孩子很焦虑，想要达到目标又没有能力的时候。这两个时刻，父母需要在观察孩子、了解孩子的基础上，根据具体情况来给孩子搭台阶，帮助孩子更好地发展。

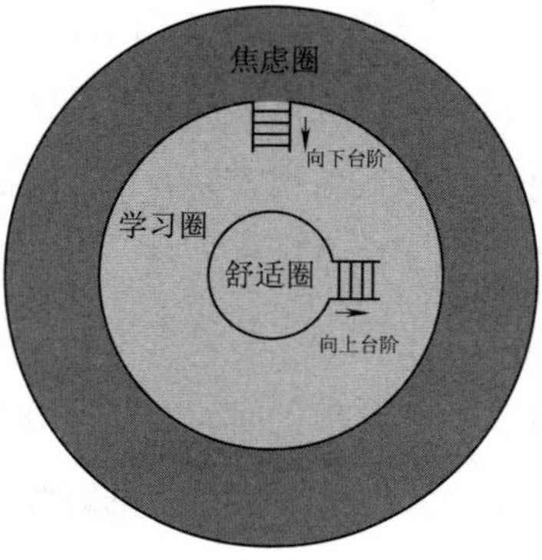

有研究表明，人们在自己很擅长、很舒适的地方，没有改变或学习的动力，而在焦虑的时候，虽然有改变的想法，但常常没有能量，这两个圈都不适合学习。舒适圈和焦虑圈之间的部分才是人类最能学习、也学得最有效的区域。

所以，在孩子处于某个能力的舒适圈时，父母可以给孩子一点挑战或奖励，搭一个向上的台阶，让孩子从舒适圈中走出来，掌握新的技能，寻找更广阔的发展空间。在这种时刻，父母可以用游戏化的方式或奖励的方式来激励孩子，在孩子感受到成就感后，再放手让孩子往前走。

第二个时机是孩子想要学习但又没有找到方法很焦虑的时候，此时父母应该主动帮孩子一起想办法、搭台阶。在孩子焦虑的时候，如果父母同样焦虑，甚至抱怨和批评，那么对孩子的成长并不能起到非常积极的作用。父母需要静下心来，好好想想如何搭一个有效的台阶，能让孩子从焦虑中走出来，掌握某个技能往下走，走到学习圈，这样他才能更有信心和能量来解决复杂的问题。这个向下的台阶需要和孩子沟通，和孩子一起来搭建，同时还要让孩子认可，觉得有信心走下去才有用。单纯的奖励或惩罚都不能给予孩子很好的激励让孩子来走台阶，把问题分成几个步骤，让孩子觉得往下走一步不是很难才是关键。然后，在走的过程中，不断通过贴正面标签让孩子确定正确的步伐，鼓励孩子继续往前。

向上和向下的两个台阶的搭建需要父母很了解自己的孩子，能有有效的方法真正帮到孩子，同时还有愿意陪伴孩子一起挑战和尝试失败的勇气。在用魔法水消除了 80% 的问题后，一个阶段解决一个问题，用技能法来解决真正困惑我们的 20% 的问题，不断前进，孩子终将找到适合自己发展的康庄大道。

本章重点

当孩子真的遇到问题的时候，父母要把关注点放在目标上，探讨要解决这一问题达成目标，孩子需要掌握什么技能。富尔曼提出的儿童技能教养法可以很有效地帮助父母和孩子找到解决问题需要的技能，并通过具体的十五步，让孩子养成这一技能，并检验这一技能。

培养技能有三个非常重要的前提：一是解决问题的主体是孩子，而不是父母，所以着眼点是孩子成长需要的技能，这一技能的培养不是通过父母监督或强迫来完成的；二是孩子自己解决问题需要的时间可能比父母想象的要长，父母要相信孩子有成长的能力，能通过自己的方式来解决；三是问题变成技能需要父母有意识地引导孩子，父母要学会给孩子搭台阶，来帮助孩子成长。

这一章我们详细介绍了富尔曼的十五步儿童技能教养法，也提供了一些相对详细的个案来解释这个技能法。如果父母鼓励孩子用技能法解决问题，并且能切实帮助孩子找出这个关键技能，那么所有问题都能找到解决的方案。

如果父母能抓住关键时期，及时地搭建合适的台阶，让孩子关注目标和自身发展，那么每个问题都能成为孩子成长的机会。

小贴士

教育的时候，关注点要放在目标而不是问题上，帮孩子搭个台阶，引导孩子培养一个技能，这样每一个问题都能成为孩子成长的机会。

07

能量棒：游戏化教育把“你应该”变成“我愿意”

用正面标签法让孩子拥有正确的归属感，更自信；用魔法水和小拐杖筛除 80% 的问题，并用技能教养法解决剩余 20% 的问题；剩下的一项父母的重要任务，也是一项需要花费较多时间的工作是通过游戏化教育，让孩子感受生活的乐趣，减少生活的压力，让生活充满能量。

游戏化教育的魅力

我第一次体会到游戏化教育的魅力是 10 年前女儿学游泳的时候。

女儿第一次学游泳是报了一个学游泳的团体班。在学游泳的过程中，学会水下憋气是特别难的，那位教练常用的方法是一声令下，好几个小朋友一起把头浸到水里去，然后开始读秒，1、2、3、4、5、6、7……如果有孩子不愿意把头浸入水中，教练还会来帮忙按头。这种方法非常直截了当，也有一定效果，但是却有可能加剧孩子对水的恐惧，以致有些孩子对游泳失去了兴趣，很多孩子反而变得不那么热爱游泳了。

而我女儿 5 岁在美国学游泳的时候，我发现教练采用了一种非常好玩的方式。游泳教练把学游泳的小朋友分成了 4 组，然后，把一大堆玩具扔到泳池里，这些玩具有的漂浮在水面上，有的沉到水里，小朋友们一起去水里抢玩具，最终拿到玩具最多的小组就是胜利者。

在这种氛围下，小朋友们都非常积极地捞玩具。漂浮在水面上的玩具很快被抢完了，为了拿到更多的玩具，一些勇敢的小朋友开始尝试着憋气去捡水底的玩具，在他们的带领下，越来越多的小朋友都把头没入水中，憋着气去抢玩具。偶尔有几个胆小的孩子一直不敢沉入水中也没关系，教练在后几轮抢玩具的游戏中，扔出的所有玩具都是沉入水中的，这样，那些胆小的孩子为了能给团队做贡献，也在大家的鼓励下，沉入水中捞玩具。最终，在不知不觉中，所有的孩子都学会了憋气，而且完全不会对水产生恐惧。

因为这一方式，女儿爱上了游泳。

同样是学游泳，在第一种方式下，父母不得不经常和孩子讲道理：学游泳有多少好处，你学习遇到问题必须坚持，老师对你严厉是为了你好……道理讲一大堆，孩子很可能依然抗拒，即使学会了游泳，也不愿意经常去游。而在第二种方式下，孩子根本就不用父母提醒，经常盼着游泳课的到来，而且学得一点都不慢，在学会后，也很热爱游泳，把它视为自己的兴趣之一。

第二种方式就是游戏化的教育方式。我发现这个方法解决了一个特别重要的问题，就是把教育孩子从“你应该怎么做”转变为“我愿意去做”，这种转换的背后其实是激发孩子内驱力的过程。而激发起孩子的内驱力，让孩子自己有兴趣去努力，效果往往好于要求孩子做什么。

游戏化教育不仅会激发孩子的学习驱动力，更重要的是，玩游戏本身就是孩子成长的一种方式，孩子从小就是通过游戏来学习的，只是随着孩子年龄的增长，家长觉得游戏越来越不重要，学习越来越重要，并且把学习看成严肃的，和好玩的游戏对立起来。在学习游戏化教育的过程中，我发现其实学习本身就应该是一个游戏，两者一点也不矛盾，游戏化的学习方式，能让孩子学得又快又好，而且还能保持其兴趣和主动性。

所以，会玩的孩子常常更会学习。

孩子在玩耍的时候更能够有效学习

会玩的孩子有未来

阿里巴巴的马云在一次演讲中说:“我毕业于杭师院。我有时候在想，如果我毕业于北大、清华，可能现在每天就做研究了，正因为我毕业于杭师院，所以才有了现在的经历。文化是玩出来的，会玩的孩子、能玩的孩子、想玩的孩子一般都很有出息。”

其实，不仅仅文化是玩出来的，整个未来很可能都是玩出来的。简·麦戈尼格尔在《游戏改变世界》一书中充分论述了游戏对人类的重要性，他断言:“游戏，将成为地球生命的下一种突破性结构。只要团结一心，我们可以利用游戏提高全球生活质量，为未来做好准备，让地球顺利进入下一个千年的全球性使命。”

但是，与100年前相比，孩子们的玩耍状态发生了巨大的变化。彼得·格雷发现:（孩子的）自由玩耍时间减少，一心追求名利的野心家们向孩子的童年下手，这一切导致了惨重的后果。在过去的50年间，年轻人中患与压力相关的心理失调的比例急速上升。自由玩耍时间的减少导致年轻人同理心的减弱以及自恋的加剧。

“玩耍”对孩子的重要性可能超过成人的想象，儿童在幼年生活中，不是靠“观察”、“吸收”或“仔细看”来学习。他们是经由游戏形成学习经验来建构并解构这个世界。游戏、学习和发展在婴幼儿身上的汇流，比任何其他年龄的人都要明显。伯纳德·苏茨认为“游戏让我们在无事可做时有事可做。所以，我们才把游戏当作‘消遣’，把其视为填补生活空隙的调剂，但它们远比这些重要得多。它们是通往未来的线索。它们此刻辛勤培育的东西，或许正是我们日后唯一的救赎。”

不仅是幼龄儿童，即使学龄儿童，依然需要不断玩耍。因为好奇心促使儿童探寻和理解新知识，爱玩的天性则刺激他们实践新技能，并富有创意地使用这些技能。

所以，家长要营造一种玩的氛围，孩子拥有玩耍的心态可以增强创造力，有助于解决洞察力问题和逻辑问题。根据彼得·格雷的发现，“玩”具有以下5个特点：（1）玩是自我选择及自我指导的；（2）玩是方式重于结果的活动；（3）玩的结构或规则并不由玩者的身体需要发起，而是由其思维发起；（4）玩是富有想象力的、虚构的，让人们的精神在某种程度上逃离“真实”或“严肃”的生活；（5）玩耍需要活跃、警醒却无压力的心境。这些特点使得孩子在玩耍中不仅能收获健康的心态，还能学习得更有成效。

成为会玩的父母

但是，父母对于“玩耍”和“游戏”却常常有很多误解。一提到“玩”，父母想到的就是带孩子到游乐园或者给孩子买各种玩具。在玩具稀少、要隔很久才能得到新玩具的时候，玩具给了孩子飞向想象王国的翅膀。当玩具不再特殊，儿童那份无上的喜悦和让幻想飞跃的机会就被剥夺了。玩具买得多，不一定能提高孩子“玩”的质量。

孩子在青春期之前，最喜欢的“玩”的方式是和父母一起玩，而且会玩的父母能够通过玩和游戏让陪伴更有质量，让教育更有效。但是，玩要和游戏对于成人来讲真的不是一件很容易的事情。成人按部就班地生活，在生活中树立了太多理性的目标，从而失去了游戏和玩耍的能力。《游戏力》一书中还提到，有些父母天性好强，不能放下他们强烈的控制欲，因此很难享受到游戏的乐趣。父母更关注玩的结果而孩子更在意玩的过程，孩子常常因为好玩而玩，但是父母总希望玩得有价值。比如父母和孩子玩一个抛球的游戏，父母的目标是让孩子学会正确的抛球动作，但孩子只是对球本身有兴趣，能不能正确抛起或接到，对孩子来说没什么意义。如果父母放不下自己的控制欲，强调正确的动作才有价值，那么游戏本身的乐趣很可能被这个“正确”的目标赶走了。

成为会玩的父母的另一个障碍是父母觉得陪孩子玩很累、很花时间，因为孩子经常反复玩一个游戏，一刻不停，成人会觉得时间和精力都花不起，经常玩一会儿就停下来。但《游戏力》发现，假如父母不花时间和精力陪孩子玩耍，很可能使得双方的亲子关系没有那么和谐，反而把同样的时间和精力花在负面冲突上。快乐的情绪、和谐的亲子关系、经常性的身体接触，可以带走家庭的很多问题和负面情绪。

所以，优势累积教育法强调父母要成为会玩的父母，掌握游戏化的教养方式（playful parenting）。游戏化的教养方式有以下两个好处。第一，游戏可以培育亲密的亲子关系，让孩子远离孤独感。从父母和婴儿的第一次神情对接开始，游戏就成了连接亲子关系的纽带，亲子游戏让孩子远离与生俱来的孤独感。第二，游戏可以培养自信，让孩子远离无力感。游戏能够培养孩子的情绪康复力，让孩子走出负面情绪。当孩子困在孤独感和无力感的堡垒里时，他们会沉浸在负面情绪中找不到出口。讲道理并不能让孩子快速调整情绪，但游戏能帮助孩子走出这个堡垒。

在成为会玩的父母，和孩子一起玩的时候，父母要做到跟孩子有很好的联结，有三个小技巧可以帮助父母在与孩子玩耍的时候建立联结。第一，一定要有目光的交流，而不是各自玩各自的，或者父母虽然坐在孩子身边，却在刷手机。目光的交流让孩子感受到父母的关注和同步，觉得父母是真正在和他一起玩的。第二，亲子间要经常有身体接触，玩得好抱抱，玩得不好也要抱抱。多玩一些身体接触的游戏，对于孩子的情绪稳定有很多好处。第三，父母要具有同理心，能和孩子共同感受一件事的成就感或沮丧感。比如一个小朋友在搭乐高玩具，怎么都搭不好，家长就在那里指导说“你应该……”此时，我们就发现其实家长和孩子是两个角色，孩子在玩，家长在指责他。小朋友会觉得爸爸妈妈是挑剔的、监督他的人，这样他们的联结就很难建立起来。而如果他搭不好，我们说“哇！我觉得这个好难，把这个东西放上去试一试”“我要倒了，我要倒了”等，跟着孩子一起“喜怒哀乐”，那么就能和孩子产生共鸣，建立更为紧密的联结。

未来的世界，会玩的孩子有出息。而为了培养会玩的孩子，父母也需要成为会玩的父母，游戏化教育就变成了父母必须要学习的内容。

什么是游戏化教育？

那到底什么是游戏化教育呢？游戏化教育主要是指两种类型的教育：玩游戏和用游戏要素解决问题。

第一种是直接用游戏的方式来解决问题或陪伴孩子成长。

我很喜欢对游戏的一种定义：游戏是一项自愿克服非必要障碍的行为，拥有既定的目标，但是受到规则的限制。这个“非必要障碍”的说明很重要，比如我们玩俄罗斯方块游戏，消掉这些方块对现实生活没有什么影响，这完全是一个非必要障碍，但是因为有一个明确的目标——尽可能多地消除方块获得高分，同时又有一定的游戏规则，让人参与的时候非常愉悦。

游戏化的教育其实就是把这些非必要的障碍变成教育中必须要去突破的一个环节或一个目标，通过游戏的方式让这个环节变得好玩，让孩子自己有兴趣去做。

比如上文提到的游泳中抢玩具学憋气就是一个典型的游戏化教育案例。还有，人们为了让孩子更好地学习数字，发明了数独游戏。幼儿园的老师在带领孩子学习的时候，也会用到各种各样的游戏。

为了让我的孩子在幼小衔接的过程中，能够更好地掌握必要的能力和知识，我专门研发了一套家庭益智桌游“能量逗”，通过桌游来解决孩子的观察、语言表达、数学、专注、情商等各种能力，效果很好。比如，我发现很多孩子都不太关注别人，常常把注意力完全都放在自己身上，因此，我研发了《表情帝》来解决这个问题。在玩这款游戏的过程中，一开始孩子可能完全不去关注别人是怎么玩的，虽然这样也能把游戏玩下去，但他们经常会输，因为他们只看自己的牌，不关注别人的牌。但是，玩着、玩着，孩子就会发现，如果观察一下别人，就能赢了。我们就通过游戏自然而然地解决了孩子只关注自己，不关注别人的问题。

第二种游戏化教育并不是用一个完整的游戏去实现一个教育目标，而是仅仅运用游戏中的一个要素来实现教育目标，即把游戏的元素和游戏设计运用于非游戏场景。

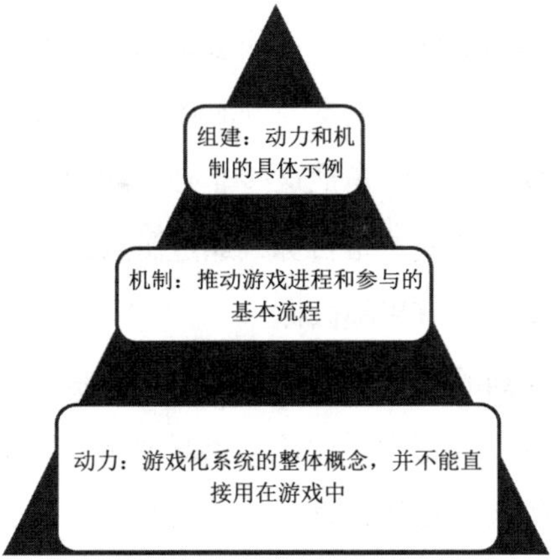

游戏由三部分构成。首先是动力，包括情感、叙事、进展、关系等方面，也就是说是什么在推动游戏的发展；其次是机制，包括挑战、竞争、合作、资源获取、奖励、交易、回合、获胜状态等，也就是说游戏到底是怎么玩的；第三是组建，包括成就、点数、徽章、排行榜、等级、打怪、收集、战斗、赠予、任务、社交图谱、团队、虚拟商品、头像等，也就是说游戏的成就体系是什么样的。

在游戏化教育中，我们并不需要设计一个完整的游戏方案，往往只运用其中的一个设计环节或一个要素就能获得非常好的效果。比如早上叫孩子起床，父母可以直接催促“快点，快点起来了”，这样说话很生硬，往往没有效果。如果父母这样说：毛茸茸的北极熊要来了，它要舔你的小脚，舔你的小腿，舔你的胳膊……同时把手伸进孩子的被窝，去摸他相应的部位，孩子就会被自然地叫醒。你会发现用这种方式，孩子会愉快地起床，不太抗拒大人的催促了。这种方法其实就是用了游戏里面的“叙事”动力机制。孩子在外走路，不想自己走了，要大人抱，父母说“我们比赛，看谁能第一个走到前面的路牌”，这就用了竞争机制；父母如果说“你要是能自己独立走到前面的路牌，我就奖励你一个冰激凌”，这就用到了挑战机制和奖励的组建因素。当然奖励体系，比如贴小红花的方式，幼儿园老师已经用得非常熟练了。

我们优势累积教育法的学员用游戏化解决了很多学习上的问题。

一位学员就说，自己的孩子一直不喜欢背英语单词，想到我提到的游戏法，就把女儿要背诵的英语单词，转换成填空游戏，孩子果然喜欢填空，喜欢玩。她越来越觉得在游戏中学习，确实是个好主意。

无论是第一种方式，还是第二种方式，都是孩子喜欢的，因为在孩子成长的过程中，从游戏中学习几乎是他的本能，孩子从小就是通过各种各样的游戏去学习的，甚至对孩子来说，成长本身就是一种游戏，只是我们成年人忘了自己一路走来的童心和目标而已。

游戏可以打开孩子的学习力，对孩子来说，学习本身就应该是一场游戏。

游戏化教育让“你应该”变成“我愿意”

很多人认为玩游戏是很轻松的，但实际上所有优秀的游戏其实都是艰苦工作，是我们主动选择且享受其中的艰苦工作，甚至很多时候是枯燥的、重复性的工作。但是，当从事自己喜欢的艰苦工作时，我们就点燃了头脑里的那根快乐雷管。简·麦戈尼格尔认为：瞬时的积极反馈让玩家更为努力，更成功地完成艰巨的挑战。我们可以尝试把自己喜欢的事情变成游戏，这样能让我们做得更好，把目光放得更为高远。

玩游戏和写作业之间的本质不同并不是任务本身不同，而是孩子否是自愿去做。如果孩子自愿去做，学习也能像游戏一样点燃孩子头脑中的那根雷管。那么，这根雷管究竟是什么呢？它的心理学名词叫：内驱力。

换种更为通俗的说法就是：要有兴趣去做。而对一件事情产生兴趣有两个要素：需求和努力后产生的成就感（英文为 Hard Fun）。在成长的过程中，孩子会产生各种需求，常见的需求有三种：第一种需求是好奇心，即探索世界的需要，孩子对新事物有兴趣，想要去了解；第二种需求是提高自己的能力，获得一定地位的满足感，解决个体自我认同；第三种需求是获得他人的肯定和赞许，从而得到社会认同和社会连接的需要。这三种需求是内驱力最重要的基础。但是，单纯从需求发出，孩子很可能只有三分钟热度，对什么都是浅尝辄止，要让内驱力持续下去，就要让孩子在努力的过程中，能体会到因为努力而感受的成就感，并且是相对即时的成就感。

比如：孩子一开始弹钢琴，觉得钢琴发出的声音很好听，这激发了他探索的欲望；开始学习钢琴后，他发现自己手指够长，的确能弹钢琴，对自己有了肯定；在这个过程中，老师和家人不断肯定他弹得好，于是又激发了他的第三种需求。这样，孩子对弹钢琴的兴趣就建立起来了。但是，每天必须练习两个小时，并且很枯燥，那么慢慢地，孩子的需求减弱了，就不愿意弹了。所以，在这个过程中还需要加入即时的成就感，老师和孩子四手联弹，或者给孩子表演的机会，让孩子感受到成就感，那么他就愿意继续弹下去。

在学习的过程中，如果难度大到超过了需要，那么孩子就很容易放弃。这个时候，运用外驱力就能帮助孩子加强内驱力。外驱力是外在给予的奖励或惩罚，也称为胡萝卜和大棒，比如做完这件事就奖励一朵小红花，或者不做完就被惩罚、不能玩游戏等。游戏化的积点就是一种有效的外驱力。

科学地运用外部激励、形成外驱力，有三个方面的好处。第一，外部激励能使孩子愿意尝试一个新领域或者愿意花费更多时间来完成任务；第二，能强化孩子对自主行为的感知，还能让孩子体会一定的成就感；第三，如果活动本身比较乏味，那么有趣的、有价值的激励可以进一步聚焦孩子的注意力，弱化时间观念。

但是，频繁使用外驱力有一个问题，就是需要不断加码，才能形成同等的刺激。比如，一开始奖励一朵小红花有效果，但很快，大家就觉得一朵小红花太容易得到了，失去了外部刺激的功能，不得不增加到两朵小红花，或者换成巧克力。甚至外驱力的运用会使孩子的目标偏移，孩子不再为了事情本身而努力，而是为了奖励而努力。

所以，外驱力的运用有其局限性。我丈夫在陪伴孩子的时候，无意中做了一个实验，这个实验特别清晰地展示了外驱力的局限性。

儿子读幼儿园大班时，很喜欢玩磁性积木，一直挑战各种难度。有时，他也会用上所有的积木搭他自己想象的东西，可是在我们看来，这些东西却不着边际。比如他声称自己搭了一艘宇宙飞船，可我们怎么看都觉得那根本就是个长条，但他一直乐此不疲。

周末，爸爸陪他搭积木，陪了半天，都不知道他搭了些什么乱七八糟的东西，而且还要听他讲一通他的搭建心得和创作理念。爸爸希望孩子搭的作品更有意义一点，这样才能真正表扬孩子。爸爸认为的有意义就是按照这套积木的配套图书来搭建。

为了鼓励儿子按照手册上的图示来搭积木，爸爸说：“你按照图搭出一个样子，我就给你 10 元钱。”

儿子一听，两眼放光：10 元钱可以买两串自己喜欢吃的鸡肉串。

于是，他马上翻开图册，埋头按照图示搭起积木来。

刚开始，效果还不错，他先研究图示，再动手搭积木。爸爸放心地拿起了自己的手机，只要听到儿子说自己搭完了一个新的造型，去拍张照片，再奖励 10 元钱就行了。

后来，儿子的速度越来越快，几分钟就能完成一个造型，搭的东西却越来越简单。到最后的时候，他几乎就搭那些最简单的图示，而不再去搭那些有意思的图形。他每搭完一个图形，拿到 10 元钱，就马上又投入了新的“创作”，再也没有兴趣去谈他的创作理念，也不再做任何创新。

爸爸惊讶地发现有了经济刺激，儿子不在乎自己搭什么了，也没有什么创作理念了，纯粹只是为了挣钱，完全不考虑创新，也不考虑搭建效果了。

在拿出 100 元后，爸爸果断终止了这种奖励。他感叹：“唉，这就是经济刺激让人类丧失创意的全过程。”

这个事例是一个典型的外驱力局限性的展示，不适当的外驱力让孩子的目标从自我的成长转到了奖励品的获得。因此，父母在运用外驱力的时候，要牢记一个重要的关键点：外驱力发挥作用的最重要目标是激发内驱力，让孩子体会到事情本身带来的成就感，目标聚焦在事情本身而非奖励上。

为了避免外驱力的局限性，父母需要在给予外驱力刺激的同时，就想好在孩子有了一定内驱力以后，如何一点点撤销外驱力，避免外驱力本身成为目标。下面再讲一个我儿子的例子。

我儿子上小学后，总是出现作业漏做的现象，老师让他写备忘录并且学会在备忘录上打钩，他也不愿意。我跟他商量如何才能把备忘录用起来。他提议：如果自己写好备忘录，完成得好，就可以得到积分，积分攒到一定数额，就可以下载游戏。他自己设计了积分游戏。很快，他就养成了记备忘录和在备忘录上打钩的习惯。有一天，我主动撤掉了这个奖励和积分体系。他很紧张，以为自己不能下载游戏了。我告诉他，他养成了记备忘录的习惯，说明他成长起来了，能承担一定的责任，所以，我就把下载游戏的权利也交给他。

我之所以把外驱力及时地撤掉，是希望儿子感受到承担责任带来的好处，比如他完成了作业，收到的批评大大减少，也感受到了完成作业的成就感，建立了权责利的对应关系。我不希望他完成备忘录是因为要下载游戏。

所以，运用外驱力的目标是激发内驱力的产生，外驱力和内驱力之间的互动关系是父母尤其要注意的。而游戏化实际上比较好地解决了内驱力和外驱力之间的关系，因为游戏中的外驱力常常和即时成就感关系更密切，而不仅仅是物质奖励。游戏化的家庭教育可以给我们很多启发。

游戏化教育最核心的一点就是好玩！父母需要经常思考：如何让孩子喜欢做这件事，觉得这件事有乐趣，而不是不断地和孩子讲道理，讲这件事情有多重要。重要本身并不产生需求，只有激发孩子的探索欲望、成就体系和被认同的需要，孩子才能有动力，“你应该”才会变成“我愿意”。

游戏化教育的应用领域

游戏化教育应用的范围特别广泛，尤其在学习方面，几乎每一个环节我们都能设计游戏化的方式。我们在这里重点谈谈家庭运用游戏化教育效果更好的 4 个方面。

第一，游戏化教育可以提升孩子的素质能力，玩转学习力。

孩子有很多的隐形能力需要提高，比如专注力，这种能力很难通过学习或者刷题来解决，也不是你有意识地提醒就能起作用的。专注力的培养往往是在无意识层面发展起来的。孩子挖沙就是在训练自己的专注力。但是随着孩子年龄的增长，专注力的训练需要更有效的方法。我们知道孩子上课 45 分钟一动不动，并不意味着专注力强。研究发现，专注力其实是主动抓取自己专注力的过程，而这个主动抓取专注力的过程涉及转移性、集中性、持久性、分配、广度 5 个方面。我据此研发了“能量逗专注力”套装来培养孩子的专注力。孩子游戏的过程，也是反复训练专注力 5 个方面的过程，他们对注意力的控制会变得越来越强。通过和孩子反复玩游戏，父母在不知不觉中，就培养了孩子的专注力。还有其他一些能力，比如反应能力、观察能力、逻辑能力等，这些能力的培养，玩游戏是最合适的方法。这也是为什么这几年我把研发家庭亲子互动教具视为我的重要工作之一，我希望通过专业的产品研发，有效解决中国孩子的隐形能力成长问题，而这一方式其实早就被犹太家庭运用了。我在耶路撒冷，发现一个小小的机场竟然有好几家儿童益智桌游店。

第二，游戏化能解决孩子的身体控制问题。

除了头脑的发展，对孩子而言，身体的控制和情绪的控制也是一个极为需要学习的领域。但是，很多孩子对如何控制自己的情绪和身体一无所知，父母对此也是一筹莫展。而游戏化是最能解决情绪和身体控制问题的。比如，一个孩子有暴力倾向，常常在情绪高涨的时候，因动作幅度太大而“碰”到别人，也容易在愤怒的时候出拳头。对于这样的孩子，父母可以通过打闹的游戏让他感知身体的力量和对身体的自控，通过游戏让他了解每个情绪发生的逻辑和过程，从而让孩子学会情绪表达的不同方法，抓住控制身体的关键时机，这样能有效地解决他的暴力倾向。

我们的一位游戏引导师就创造了一个“花仙子来了”的游戏，解决了一个孩子爱打人的问题。

小豆，男孩，8岁。小豆有个大麻烦，那就是老师经常跟家长告状，说他喜欢在学校里打人。可是每次回家，爸爸妈妈一批评他，他就理直气壮地说：“我没有打人呀！”原本很生气的爸爸妈妈，每次听了小豆的“辩解”就更加生气。他们也对小豆进行了惩罚，可是完全不管用。爸爸妈妈也苦恼极了。

见到小豆的那一刻，我发现小豆和同龄人相比显得特别人高马大，整个人都壮壮的。

这一天，小豆约了小朋友们在家玩。我抛开之前爸爸妈妈对我的叙述，做了观察和记录。我发现小豆虽然人高马大，但完全还是个幼稚的小男孩。他和小朋友特别亲近，特别喜欢熊抱别人，可是他的“热情”对于小朋友们而言真是招架不住。一天结束了，我问小豆：“你喜欢和小朋友玩吗？”他乐呵呵地告诉我：“喜欢啊！”“可是，你知道不知道自己的力气特别大，小朋友被你碰到特别疼呀？”小豆摇摇头。

原来，问题出在这里了。小豆是个人高马大的孩子，他和同学玩的时候，动作幅度特别大。他一碰到同学，那力气就把同学弄疼了，同学们就觉得小豆怎么又打人了呀！所以，每次被批评的时候，小豆都挺委屈的。

“我来教你个游戏吧！这样子你既能和同学们开心玩，又不会把同学弄疼了，这样大家就不会说你打人了，想学吗？”小豆听了，眼睛里闪着光，赶紧点点头。

这个游戏的名字叫“花仙子来了”。在游戏的过程中，我们先指定一个范围，小豆要在这个范围内，扮演蜜蜂不停地走动，并挥动自己的手当作翅膀；这时，我和小豆的爸爸妈妈就要扮演花仙子想方设法靠近小豆。而小豆呢，只要有花仙子凑近，就要赶紧把自己的手收回，绝对不可以碰到花仙子。只要小豆成功避开花仙子，就能获得一分；而花仙子用身体碰到蜜蜂的翅膀，也能得一分。在指定的时间里，谁获得的分数高，谁就获得了胜利。

后面的几周，小豆父母在我的指导下经常和小豆玩“花仙子来了”。我提醒小豆，平时和同学们玩的时候，可以把同学们想象成“花仙子”，一旦同学们靠近，他就要记得控制自己的手，不要碰到同学。渐渐地，小豆在和同学们玩游戏的时候就能够记住不去触碰同学了。

这个打闹游戏其实就是在帮助小豆控制自己的肢体，这样的情境创设也帮助小豆在与同学玩耍时记得控制自己，不要去触碰同学，以免造成不必要的误解。

第三，游戏化教育可以改善亲子关系，尤其是改善父亲参与育儿的状况。

其实，很多爸爸是很希望加入孩子的教育过程中去的，但是许多家庭的教育大部分时间都是由母亲负责，而母亲会有一套自己的处理原则。爸爸通常并不了解妈妈的处理原则，这样在进入家庭交流的时候，会由于方式方法不同而跟妈妈形成冲突。久而久之，爸爸就会觉得带孩子没有成就感，孩子也不喜欢爸爸。所以，爸爸虽然有心想更多地陪伴孩子，但常常没有持久的好方法。

游戏化教育就能解决这个问题。人们在玩游戏的时候，总是非常快乐的，也会有很多自然的互动，这就使得家庭关系更亲密、和谐。

由于我丈夫工作非常忙碌，和孩子在一起的时间比较少，所以当他询问孩子的日常生活时，孩子常常懒得回答。后来，我们家定了个规矩，只有爸爸回来，我们才可以玩桌游或者体力游戏，比如玩家庭撕名牌，玩推推游戏（把爸爸从一个毯子上推出去的游戏），还可以玩枕头大战、报纸攻击等。这些游戏都是孩子非常喜欢的，因此他们就会特别盼望爸爸回来。爸爸一回来，他们就特别高兴，因为可以玩游戏了。

这种方法快速有效地调整了忙碌的爸爸和孩子们的关系，爸爸和孩子们在游戏化中建立了非常好的联结。而且，爸爸不大愿意让着儿子，这样提高了游戏的竞争力。在玩游戏的过程中，我们会有眼神交流，会有身体互动，会有语言交流，我们在共同做一件事情，而这 4 点对于孩子来讲极其重要，对于建立和改善亲子关系来讲也非常重要。如果爸爸每次回到家就是指导孩子写作业，估计就没有这么好的效果了。当然，指导写作业也完全可以用游戏化的方式来进行。

我经常把我的研究成果带到各种亲子公益活动中。我发现游戏对隔代教育也很有效，因为祖辈找到了可以和孩子保持持续沟通并提升孩子能力的方法，对整体家庭关系的改善都有重要的意义。

第四，游戏化教育能够建立孩子的自信心，培养孩子良好的性格品质。

在玩游戏的过程中，你会发现游戏设计了很多小关口，渡过这个关口，就能感受到小小的成就感，孩子每成功一步就会觉得自己很厉害，而从增加孩子的自信心。

游戏对于孩子的社会化过程也很重要，孩子可以通过游戏了解规则的重要性，明白诚信的意义，因为如果不遵守规则或不诚信是很难玩下去的。

游戏还能让孩子适应竞争的环节，更好地面对失败。游戏总有输赢，很多孩子都怕输。每次孩子输的时候，很多父母就安慰孩子说：没关系，我们再努力一下就可以了。但实际上，努力不见得能马上提高能力，能马上获得胜利。对失败我们还应该有另外一种态度，那就是坦然接受，失败也没什么大不了。为此，我还专门研发了一套“能量逗”快乐惩罚卡牌，让孩子发现失败后，不过就是做一些可笑的动作或行为，没什么大不了。这个时候，失败就变得没有那么可怕，孩子就能放轻松了。

所以，游戏化教育比传统的说教式教育或灌输式教育更符合孩子的天性，更能激发孩子的内驱力，是更有效的学习方法。

为什么父母很难坚持游戏化？

既然游戏化教育这么好，为什么能坚持的父母很少呢？我们发现最主要的原因有两个：一是没时间、太累人，二是没意义、没意思。

大部分父母都意识到了要和孩子建立非常好的联结，陪伴是最长情的爱。但是如何陪伴却是一个问题。父母工作一天回到家里，已经很辛苦了，自己也想休息一下，而一旦孩子上了小学，回到家还要陪他写作业，写作业的时候又会鸡飞狗跳，等到好不容易写好作业，也到了孩子快睡觉的时候，自己也已经筋疲力尽了。没时间、太累人是非常真实的感受。

很多家长经常跟我讲：又要管他吃，又要管他穿，要管孩子的很多事情，筋疲力尽的时候还要陪他玩，自己真的没有这个精力。有的时候，有很多让自己生气的事情，自己要去处理，会发脾气，要不断地跟孩子讨价还价，要跟他去斗争，然后还要心情很好地和他玩……玩被放到了重要性排序的最后一位，自然就没时间和太累人了。

还有一个重要原因是，父母对于玩的教育意义比较看重，但是孩子喜欢做的事情却常常让大人觉得没意义、没意思。在公益活动中，有一位听众提出“说实话，每次跟小朋友一起玩游戏的时候就觉得这个游戏真的是很无聊，实在是幼稚的很，但是孩子们却可以不厌其烦地玩。比如，给孩子讲故事，如果今天讲一个故事，明天换一个新的故事讲，我觉得还好。可是我儿子今天听这个故事，明天还要听这个故事，他会把同一个故事听上 100 遍，我就要把同样的故事讲上 100 遍，特别崩溃。玩也是一样的，今天倒水玩，很开心，明天还要继续倒水玩，后天也是，玩的都一样，也没什么长进。我都不知道他到底在玩什么！”

父母都希望孩子玩得有意义一点，但是，孩子常常喜欢那些看不出意义的事。这个时候，父母可以做这样一个调整：给自己设定一个时间段，比如 20 分钟或半小时，在这个时间段的任务是和孩子互动，让孩子高兴，把主动权给予孩子，玩什么不重要，有没有意义也不重要，重要的是自己和孩子在一起，陪孩子半小时。当父母给自己这样一个设定的时候，就会发现，自己能忍受孩子“无聊”了。

家长用这种自我暗示来处理这个时间段，时间长了，就会发现当给予孩子完全的信任，让他去做这些特别无聊的事情，而自己又在他身边不做任何评价，只是陪伴的时候，孩子的安全感是很足的，情绪会在一个晚上都很平和，而且会让孩子有掌控感地成长，会更自信。

《游戏力》的作者还给了家长另一个理由来陪孩子度过这样的无聊时间。他指出，游戏的投入产出比其实是非常高的。作者拿自己来举例，以前花在唠叨、发脾气以及不停催促上的时间，加在一起可比游戏的时间多出很多。经常受挫的孩子或者无法通过游戏获得掌控感的孩子常常会陷入一种困境，我们称之为“无力感的堡垒”。如果孩子有这样的情况，就会有各种逃避，不想做事情，经常抱怨别人在欺负他……而他也会经常把自己藏得严严实实，甚至有的时候先发制人，对他人进行攻击：“我讨厌你！你吃我一记……”这些都是他无力感的表现。要解决这些问题，用唠叨、催促等方法远没有游戏化来得更好。甚至有的时候，我们全身心地和孩子一起游戏，帮他们走出困境、建立自信，就会发现自己花在负面事件上的时间减少了。

也就是说，你不陪孩子玩，省下来的时间很可能会花到和孩子争斗的负面事件上，这样反倒花的时间更多。所以，与其吵架不如去玩耍。

建立家庭“嗨”时光

如果父母已经意识到了游戏化教育的重要性，那么下面一个重要的步骤是预留家庭的“游戏时间”，建立每个家庭独特的相对固定的“嗨”时光。

为什么要固定家庭的“嗨”时光？因为父母不可能每天24小时都与孩子联结，尤其是随着孩子年龄的增长，家庭时光会被学习等各种事情抢占，也会被工作抢占。所以，父母需要有意识地抽出一些固定的时间，一对一地、不受干扰地、专注地和孩子玩。我之所以建立了一个公益机构叫“上海市家庭时光社区服务中心”，是因为我参与了一项跨国研究，这项研究得出这样一个结论：有固定时间跟孩子一起玩耍、专注地跟孩子一起玩耍的家庭，孩子成长得更健康，家庭关系更和谐，这个时光如果能持续到青春期，那么孩子的叛逆就会大大下降。

所以，固定的家庭时光对于亲子关系和孩子健康成长其实非常重要，而且这需要父母有意识地去做，否则很容易随着孩子年龄的增长而消失。

那么，以什么样的频率和孩子玩耍，以及玩多长时间合适呢？这个问题没有固定的答案，要看家庭成员的工作节奏和孩子的年龄。一般来说，3岁以下的孩子总是需要父母长时间陪伴玩耍的，除非是老人或保姆带孩子，家庭时光还是能得到保证的。孩子上幼儿园以后，父母一周参与的家庭时光不能少于6小时，最好能达到12小时，比如每天回家陪孩子玩45分钟，周末有一个下午和他一起玩耍（接送早教班等在路上的时间和一起吃饭做事等都不计入家庭时光）。如果孩子上了小学，一般一周6小时就够了，工作日有2~3天父母可以和孩子一起玩耍嬉闹半小时，周末有一个下午和孩子一起玩耍，基本上就能保持比较好的亲子互动。尤其是对工作比较忙碌的一方而言，每周6小时的互动时间是保持亲子关系亲密和父母影响力的重要安排，务必要抽出时间，而且要形成固定仪式，比如固定周几、多少时间等，这样孩子会比较有安全感。这一周不玩，下周玩 12 个小时，并不是一种好的补偿机制，因为这会让孩子有不稳定的感觉。因此，一家人一起协商一个合适的时间（这个时间是可以不断调整的，但是孩子要一起参与讨论），固定下来，然后用这个时间玩耍是非常重要的。到了初中，孩子其实非常忙碌，这个时候，不是父母不能坚持家庭时光，而是孩子没那么需要了，所以，家庭时光可以减少到每周 3 小时，但是必须保持一定的频率和时间，坚持家庭“嗨”时光，这个时光是全家人哈哈大笑或一起游戏的特殊时间。

那么，家庭时光可以玩什么呢？我们推荐两种玩法。一种是有身体接触的游戏，比如下面表格中的活动。

适合家庭的游戏列表

游戏名称	适合年龄	游戏描述	游戏提示	游戏准备
保护尾巴	3~4 岁	宝宝和妈妈的裤子上各挂一条尾巴（手帕），听到口令后开始游戏，在保护好自己的尾巴的同时将对方的尾巴揪下来	规定每组活动范围，在范围内游戏	手帕 2 条
我保护你	4~6 岁	爸爸妈妈和孩子一起撕开报纸，做成多个子弹球，爸爸把子弹扔向妈妈，宝宝保护妈妈，击中妈妈小于 5 次，保护成功	爸爸可以根据宝宝的高度，调整子弹丢出去的高度，如果宝宝年龄小可以多放水，让他能保护妈妈	报纸 5 张

（续表）

游戏名称	适合年龄	游戏描述	游戏提示	游戏准备
我丢丢丢	5~7岁	妈妈和宝宝一组，爸爸一组，每组2张报纸。两组分别将自己的报纸撕开，制作子弹球，然后开始互相往对方区域里面丢报纸球，规定时间结束，区域内报纸球个数少者为赢家	这个游戏可以在倒数10秒时间内做子弹，倒数结束就开始丢子弹	报纸5张
拉动货车	4~6岁	孩子蜷缩在垫子上，爸爸或妈妈拉动垫子，运送到5米远的终点不滑落	距离可以根据房间情况调节	方形地板垫（45厘米×45厘米左右）1块
谁的力气大	5~8岁	孩子和爸爸或妈妈站在垫子上，两人用力互推，努力把对方推出垫子	爸爸或妈妈可以根据孩子的力量调节力度	方形地板垫（45厘米×45厘米左右）1块

家长们可千万别小看了这些游戏。比如：保护尾巴的游戏，其实对孩子身体的协调性发展是非常有好处的，而且小孩子玩得高兴，会让家庭也更有能量；当大家在家里玩报纸大战的游戏时，球是自己做的，孩子在这个过程中自己可以动手创造；在把爸爸推出毯子的游戏里，孩子需要自己观察，自己思考用什么推法，怎么用力才更巧妙，怎么能够找到时机去获得胜利……玩这些游戏的过程也是孩子深度学习的过程。所以，每天15~30分钟的游戏时间，也是孩子能力全方位发展的时候，家庭的“嗨”时光让

孩子充满能量，让亲子关系更和谐。

家长们可以加入“能量逗”公众号，找到更多的身体互动游戏，也可以和孩子一起运用各种道具（比如气球、餐巾纸、废纸箱等）创造各种玩法，建立自己家庭的独特游戏方式。

还有一种互动，就是玩家庭益智互动桌游或卡牌游戏。目前，市面上有各种互动性的家庭益智桌游，这些桌游一方面能让父母和孩子玩到一起，另一方面能让孩子在游戏中快速获得各种能力。

当我们希望孩子放下电子产品的时候，一定要记得只有用快乐才能替代快乐，用麻烦或任务是无法让孩子放弃快乐的。如果你希望孩子用不玩游戏省下来的时间来刷题，那孩子一定不乐意。但是，如果让孩子放下手机，全家一起玩快乐的卡牌或其他身体游戏，孩子就愿意听你的话。

当然，有些家庭玩游戏也会有矛盾，互动的不一定很愉快，所以，让游戏时间变成“嗨”时光，我们给父母提出以下建议。

1. 一定要牢记：游戏的核心是快乐，而不是有教育意义或有助于孩子成长，虽然游戏的确能起到这些作用，但是如果父母忘了快乐的核心，追求这些作用，游戏就会失去它的魅力。当你用对待学习的态度对待游戏，你的孩子会像讨厌学习一样，讨厌和你一起玩。

2. 夸张的表演能带来成倍的快乐，比如设计一套专门针对输或赢的身体动作，表情明显一点，语言多一些感情色彩，再加上肢体接触。同样一个游戏，加上一些快乐表演的成分，那么快乐也会成倍地增加。

3. 我们可以选择舒适的游戏地点，也可以配上欢快的背景音乐；游戏开始时，还可设立一些简单、有趣的仪式。

4. 在游戏前，根据孩子的喜好，创设情境，设置孩子喜欢的角色，让游戏氛围更具戏剧化；也可以和孩子共同讨论游戏规则，发挥孩子的主动性，甚至可以让孩子自行设计游戏，成人执行。

5. 在游戏过程中，要减少过度干涉，可以自言自语地传达游戏策略，也要接纳孩子的情绪。

6. 在游戏时，可以互换角色，让孩子来做家长，让家长来扮演孩子，角色互换，让大家感受不一样的游戏氛围。

7. 游戏结束后，可以使用有趣味、多样的奖惩，不拘泥于一种奖惩，从而增加游戏的趣味性。

8. 游戏结束后，可以告诉孩子他刚刚的什么表现让你大吃一惊，什么表现让你对他刮目相看，多些肯定和赞扬会让孩子更有成就感。

我们经常说幸福的家庭是相似的。家庭之所以能快乐，是因为父母在生活中都找到了游戏、爱和工作的整合之道，亦即我所谓的“轻松愉快做父母”——父母们持续不懈地把游戏、爱和工作三者整合在养儿育女当中。育儿不仅仅是一种责任和义务，也是父母享受生活的一种方式：因为有孩子，所以我们可以重回快乐的儿童时代，和孩子一起享受久违的单纯的游戏带给我们的快乐，一起感受内部能量的恢复和能力的成长。

希望更多的家庭能体会到游戏化教育的魅力，建立自己独特的家庭“嗨”时光。

本章重点

在家庭教育中，孩子并不是因为父母多么英明，道理讲得多么有逻辑而听父母的。孩子听父母的是因为和父母关系很好，很爱父母，希望得到父母的认可。因此，亲子关系才是家庭教育的基础，亲子关系不好，教育是无法开展的。

有一个非常有用的能量棒，可以帮助我们建立和谐的亲子关系，那就是游戏。游戏化教育已经成为当代教育的重点，会玩的孩子才有未来。父母也要成为“会玩”的父母，学会一些游戏化教育，能使家庭生活更丰富多彩，也能促进孩子成长。

游戏的魅力在于把“你应该”变成“我愿意”，父母通过游戏化的教育能协调好外驱和内驱的关系，让孩子的成长动力更强劲。

我们鼓励建立家庭“嗨”时光，全家一起玩身体游戏和智力游戏，爸爸妈妈以及祖辈都能参与其中。这样不仅能提升孩子的能力，也能让亲子关系更和谐，让家庭成为能量站。

我也推荐大家关注微信公众号“能量逗”或者淘宝店铺“能量逗”。它提供了非常适合中国家庭的益智桌游，每一款桌游都老少皆宜，时间都控制在20分钟一局，两个人就能玩，还能提升孩子的专注、数学、逻辑、观察、语言、反应、策略等能力，让孩子在哈哈大笑中增加能量、获得成长。

小贴士

每星期至少花6个小时和孩子在一起做愉快的亲子互动，不谈学习，就是玩玩游戏，让快乐的能量在家庭中流动。

08

爱需要学习，幸福需要练习

我从不怀疑父母对孩子的爱，也看到过太多的父母愿意为了孩子付出所有，即使他们之间有各种失望和冲突，但爱一直都在。可是，爱孩子和让孩子感受到父母的爱其实是两个问题。爱一个人如果方式不对，不仅起不到爱的作用，还有可能成为一种捆绑和消耗。所以，世人一直在追问：什么是爱？如何爱？

在亲子关系中，爱的样子并不能简单地用“血浓于水”来形容，也不能等同于“为你好”。有关“爱”的内容，也许是父母在教育孩子之前首先应该学习的。只有学会了爱，才能练习幸福、找到幸福。

爱的本质与爱的实践

有关爱的定义非常多，我个人很偏爱弗洛姆对爱的定义：唤醒对生活的热情。我觉得如果某种关系能唤醒或激发人们对生活本身的热情或激情，这种关系就是一种爱的感情了。我们常常认为抑郁症患者没有爱的能力，很重要的一个原因就是他们对生活不感兴趣了。好的爱情往往能让人对生活充满激情，父母对孩子的好的爱也会激发孩子对生活的热爱。但在现实生活中，很多很“爱”孩子的父母并没有唤醒孩子对生活的激情，反倒让孩子对生活充满了厌倦。

在大多数人的观念里，父母对孩子的“爱”是一种天然的关系，似乎只要存在这种关系，对方就能感受到这种爱。其实不然，弗洛姆说：爱是一门艺术，也是一项技能。爱一个人并不意味着我们就自然知道了爱的表达方式。所以，爱其实是需要学习的，只有当我们学习并掌握有关“爱”的知识后，再勤加练习，爱才能被正确地表达出来，才能被感受到。

豆瓣上有一个名叫“父母皆祸害”的团体，很多人分享了父母伤害孩子的个案。但是，我在这些个案中看到，除了少部分自私自利者以外，大部分父母都是爱孩子的，但是他们不知道怎么去爱，或者没有理解到爱的本质。

弗洛姆认为父母对幼儿生命的爱应该包括两个方面：一方面是必须关心幼儿并对其成长负有责任，以维护和发展弱小生命；另一方面是要使孩子热爱生活，让他们感到活着是多么美好！他把前者比喻为乳汁，把后者比喻为蜂蜜。他认为上帝所许之地流着乳汁和蜂蜜，这是爱的两个层面。乳汁象征母爱，象征对生命的关心和肯定；而蜂蜜象征生活的甜美，象征对生活的爱和活在世上的幸福。大多数母亲会尽力给予孩子“乳汁”，但却常常忽略给予孩子“蜂蜜”。在贫困的时代，活下去是生活的第一目标，因此能给予孩子充足的乳汁是最重要的，乳汁给得越多，孩子体会到的快乐也越多。但是进入富裕时代，我们发现幸福经过了一个拐点，也就是说，物质能带来的快乐出现了边际递减，生存已经不是生活的目标，有趣和幸福成了人生目标，这个时候，蜂蜜的重要性就显著加大了。

我们的父母生活在物质不充足的年代，对给予乳汁的重要性有深刻认识，但是对给予蜂蜜却缺乏经验。我们在他们的影响下，在面对给予蜂蜜的问题时也会手足无措。因此，父母需要主动学习如何给予爱。

能同时给予孩子乳汁和蜂蜜其实并不容易。母亲为什么能无私地爱孩子？最重要的动机是人类有“超越自己”的追求。我们希望自己是创造者，是能超越处于被创造者消极地位的生命。因此，满足这一要求最自然和最基本的途径是母亲给予自己的创造物关怀和爱。在孩子身上，母亲超越了自我，她对孩子的爱使她的生活产生新的意义。但是孩子会长大，必须脱离母亲和母亲的乳房，成为完整、独立的生命。也就是说，父母的爱最终是为了让孩子能够离开父母，而不是捆绑孩子。蜂蜜的作用就是让孩子感受到生命的激情，充满动力地承担生活的压力，探索未知的世界。蜂蜜就是一种人类发展的能量。对孩子来说，同时拥有乳汁和蜂蜜才能生活得更好。

最早的时候，孩子是从亲子关系中感受到爱的。对孩子来说，母亲或者主要照顾者是温暖，是食物，是满足和快乐的源泉。在这个阶段，孩子只要和母亲在一起就能感觉到爱，消除孤独感。随着自身的成长，孩子终于能将自己和妈妈分开了，能感觉到自己渴，能认识喂饱肚子的乳汁、乳房和母亲；知道其他物品也有名字，发现有一些物体跟“我”没有紧密的连接，一些物体是与“我”无关的存在。大多数 8 岁半到 10 岁的儿童仍然是需要被爱的，而且是无条件地被爱。10 岁之后，孩子会出现新的感情，想通过自己的努力唤起爱，他们的需求从“被人爱”变成“爱别人”，甚至变成“创造爱”。他们发现“给予”比“得到”更能使自己满足，更能使自己快乐，“爱”比“被爱”更重要。

通过爱，他们从由自己的自恋引起的孤独感中解脱出来，开始体验关心他人，同时还能感觉到由爱唤起的爱的力量。他不再是仅仅被动地接受爱，以及为了赢得爱必须使自己弱小、孤立无援。在孩子的这个成长过程中，如果我们能给予他们正确的指导，他们对爱的观念就会慢慢地从“我爱，因为我被人爱”转变为“我被人爱是因为我也爱人”，爱的意义发生了变化。

为你好≠爱

在中国，“为你好”是处于亲密关系中的人经常说的，很多父母经常批评孩子都是因为“为你好”。可是，孩子最不喜欢听的话之一就是：为你好。因为孩子真的没有感觉到父母的要求会让自己变得更好。父母每次说这句话往往针对的是未来的“好”，但孩子此时此刻一般都是不快乐的，所以，他们怎么能理解“为你好”呢？

社会学里有一个“异化”的概念。在商业文化中，事物的定价不是由使用价值决定的，而是由交换价值决定，而交换价值和使用价值不匹配导致了人类的“异化”。比如，清洁的空气是人人都需要的，使用价值很高，可是由于它不稀缺，所以交换价值很低。而所谓稀缺的东西，它的交换价值常常不是由它的使用价值来决定的。比如说钻石，本来只是一种矿石，用处并不大，但是当它和爱情的忠贞和长久联系起来后，交换价值就变得很高了，因为它被认为是一种稀缺品。在现代社会中，你会发现事物的交换价值和使用价值是不一样的。在这种体系下，人其实发生了异化。也就是说，我们看待事物的眼光都不是从事物本质性的使用价值出发的，而是从交换价值出发。

我们在看待孩子的时候也一样。我们都知道，人生的意义在于过得幸福，可是幸福的交换价值无法被衡量，而且捉摸不定，因此父母会更重视那些能够带来幸福的具有交换价值的事情。比如，父母总是很重视孩子的学习成绩，他们的逻辑是拥有好成绩可以考入好学校，考入好学校意味着可以拥有好的就业机会，拥有好的就业机会可以获得比较高的酬劳，而比较高的酬劳可以换来幸福。在这样一种滑坡谬误（也就是前文说的多米诺骨牌逻辑）的引导下，成绩就具有了很高的交换价值，成了父母最为关注的目标。

可实际上，如果我们的人生目标是获取幸福，可能根本不需要这种交换价值，这种交换价值受到很多因素的影响，不见得能保值。我们应该从一开始就回到使用价值本身，让孩子体验幸福，激发他对自己人生的动力，让他感受成就带来的喜悦，这种感受才是幸福的本质。

而在已经异化的环境中，父母认为的“好”同样是以交换价值来判断的，而不是使用价值。比如孩子打碎了一个杯子，父母并不是从事情本身判断这件事的严重性，而是从交换价值来判断：如果被打碎的是一个昂贵的古董杯子，那么孩子就犯了大错；如果只是一个普通的玻璃杯，那这事就算了。父母的爱的行为常常背离爱的本质，父母“为你好”的背后是交换价值的功利计算。

异化是人类痛苦的源泉之一。所以，如果我们想要学会爱，想要幸福，那就不能够舍近求远，而应该更多地关照自己的内心，去看一看我们内心真正需要的是什么。如果我们希望孩子幸福快乐，那就不要说等他考上大学以后再幸福快乐，他现在就应该幸福快乐；如果我们希望和爱人在一起，日子过得很美好，那就不要说等挣了很多钱以后再美好，而是从现时现刻我们就要很美好。所以，《爱的艺术》里面专门有一小节探讨“关注现时现刻”，我觉得这一点非常重要。活在当下并不是不看到梦想，而是强调当下的感受和快乐也非常重要，只有把战略性目标和现实性目标协调好，才能触摸到生命的奥秘。

此时此刻，孩子能否感受到我们的好？此时此刻，我们的爱有没有唤醒孩子对生活本身的热情？这是让孩子感受到“为你好”真的是“为我好”的关键。

父母在“为你好”之前，需要努力做到的是“为我好”，通过自爱来学习爱人。有人把自爱和自私利己联系在一起，但实际上这是两个截然相反的词。研究发现，一个有能力爱别人的人一定也是爱自己的。原则上，爱自己和爱别人是不可分的，不能因为爱自己做出损伤他人的行为。自爱是对自己的生活、幸福、成长和自由的肯定，是以爱的能力为基础的；而利己者只对自己感兴趣，一切为自己所用，体会不到“给予”的快乐，只想“得到”。利己者不是站在对方的生命本质上体验什么叫爱，而是按照对自己有利的标准来判断。利己者一般都没有爱的能力。利己和自爱完全不是一回事，甚至是互相矛盾的。利己者不是太爱自己，而是太不爱自己了。缺乏对自己的爱和关心，表明这个人内心缺少生命力，也没有去唤醒别人生命力的需求，所以他们会感到空虚和失望。有些母亲之所以忧虑重重，并不是因为她们太爱孩子，而是因为她要以此来弥补自己缺乏的爱孩子的能力。“为你好”就成了这些母亲的借口。

所以，父母要走出异化的“为你好”，先对自己好一点，解决自己的问题，让自己轻松快乐起来。幸福的父母给予孩子的爱的环境是孩子幸福的基础。

父母提供不同的爱

很多家庭追求父母意见的统一，希望大家用同一种方式来爱孩子。但实际上，孩子需要两种爱：父爱和母爱。这两种爱是不同的，也是互补的。

父爱和母爱最大的不同在于：在传统社会，父爱代表有条件的爱，而母爱代表无条件的爱。

父亲的原则是：“我爱你，因为你符合我的要求，因为你履行你的职责，因为你和我很像。”父爱有消极的一面，孩子需要通过努力才能赢得；父爱也有积极的一面，正因为孩子可以通过努力赢得父亲的爱，所以这样的爱是孩子可以控制和支配的爱。

母爱则不同。母爱是无条件地满足孩子的生活需求：“我爱你，因为你是你。”母爱的原则是：“无论你是什么样子，我都能接受；无论你成功与否，我都为你提供休息的港湾。”家庭的意义也正在于此。

在孩子的成长过程中，母亲的作用是给予孩子一种生活上的安全感，而父亲的任务是指导孩子正视他将来会遇到的种种困难，孩子必须克服这些困难，才会得到父爱。母亲的爱会对孩子说：“不管你多么糟糕，不管你有什么罪恶，我都爱你。”而父亲的爱则要求孩子做错了事情就要承担后果，所以孩子在成长过程中要不断改变自己，才会得到父亲的爱。母亲的良知建筑在自己爱的能力上，而父亲的良知则建筑在自己的理智和判断力上。

由于性别分工被打破，现代社会中并不一定是妈妈代表无条件的爱，爸爸代表有条件的爱，很有可能是相反的。比如在家庭中，如果妈妈是陪伴孩子写作业的主要负责人，那么作业完成的好坏必然成为母爱的一种指标体系，这个时候，妈妈对孩子的满意必然是一种有条件的爱；而爸爸不负责这件事，所以能很轻松地说“你不要那么严格，孩子已经很好了”，这个时候，爸爸对孩子的爱不受作业影响，更偏向无条件。所以，父母代表的爱不是和性别有关，而是和各自扮演的角色有关。

家庭总是有分工的，有条件的爱和无条件的爱对孩子都是重要的，前者让孩子成长，后者让孩子有安全感，让孩子更容易感受到幸福。因此，没必要追求夫妻双方对孩子的每一件事情都有同样的观点，父亲和母亲可以有不同的爱的方式、爱的表现，只要不相互否定、相互攻击就好。孩子需要从双亲这边得到不同的爱：无条件的爱让人有安全感，有条件的爱让人奋发向上。

如果父母相互欣赏，那么两种爱就都能发挥作用；如果一方总是希望对方和自己一样，在孩子面前公然攻击对方的错误行为，那么爱就会被破坏掉，孩子还容易形成钻空子的性格。因此，在家庭中，权责利的明确很重要，谁负责谁有权，不负责、不做事的另一方要尊重这种爱的差异，除非所有的事情都由你自己来做。

虽然我们都爱孩子，但是也需要不断学习爱的表达，不断更新自己对爱的理解，这样我们爱的表达才会让孩子热爱生命。

请牢记：爱的本质是激发对生命的热情，而不是做得正确。

孩子是成长和幸福的主角

我看过一本书——《这一生，至少当一次傻瓜》。虽然这本书讲的是种苹果的故事。但是我觉得这本书其实是关于教育的。书中的主人公是木村秋则。

“傻瓜”木村秋则是一个普通的日本农民，当了上门女婿之后，因为妻子对农药过敏，又偶然接触了一本名叫《自然农法》的书，于是下决心不用化肥和农药栽种苹果树。但是，现代农业对农药已是全面依赖，苹果尤甚，所有的苹果品种都是人工培育的结果，一旦停止用农药，对苹果树而言就是灭顶之灾。

木村的苹果树也不例外，从他开始做实验，到他在整个果园里看到7朵苹果花，最终采摘到两个苹果，足足用了10年。

20年后，木村的苹果成了全世界最神奇的水果。他的苹果实在太好吃了，成了日本人心目中的“一生能吃到一次就好”的水果。他的苹果被切成两半后，放在空气中两年不腐烂，只是枯萎飘香成为水果干；他的苹果园能承受各种恶劣天气的侵袭。

木村是怎么做到这些的呢？

我觉得木村培育苹果的理念和优势累积教育法的理念是一致的。

首选，木村致力于创造适合苹果生长的环境。其他人果园里的苹果生长主要依靠除草、施肥、洒药，但木村发现土壤和环境才是种植苹果的重点，而农药化肥却破坏了土壤。因此，木村引进各种昆虫来平衡环境，也通过种植黄豆改善了土壤中氮肥的含量，并让地下的微生物变得丰富起来，从而让土壤更适合苹果生长。他的果园里任由各种植物生长，但在秋天会割草，以让土壤温度降低，“这是告诉苹果秋天来了”。

木村创造了一个适合苹果树生长的环境。这一点也可运用在教育中。如果你希望你的孩子是天使，那么你首先要创造一个天堂；如果你希望孩子喜欢阅读，那就问问自己有没有创造一个适合阅读的环境；如果你希望孩子独立有主见，那就问问自己有没有创造一个允许孩子发表不同意见、做出与父母不同决策的空间；如果你希望孩子能快乐幸福，那就问问自己有没有创造一个幸福的氛围。

其次，木村一直相信：苹果树自己也想活下去，苹果树才是生长的主角，人类只是帮助它生长，毕竟人类再怎么努力也无法自己开出一朵苹果花。传统的施肥、除草和洒药虽然表面上为苹果树创造了一个更为安全的环境，但实际上剥夺了苹果树自己成长的权利。所以，木村把苹果树看作和人类平等的生命，人类和苹果树都是和自然界相联系的。他会经常找苹果树说话，也会向苹果树道歉：自己不知道如何更好地照顾它们。后来，其他果园的苹果树根深 2 米，而木村的苹果树根深 20 米，自己就能抵抗各种恶劣天气和自然灾害。

我们教育孩子，也需要记得孩子才是成长的主角。我们通过除草（没收孩子电脑、禁止孩子看课外闲书、阻止孩子参与与学习无关的活动等）、施肥（让孩子上培训班，为孩子请家教等）、洒药（通过说教、灌输心灵鸡汤、恐吓等方式，排除孩子的各种杂念），表面上给孩子营造了一个更纯粹、更顺利的发展环境，但实际上削弱了孩子抵抗风险的能力，使孩子无法扎根大地，从而变得脆弱、不自信。

所以，我们在教育中要把孩子作为主角。这几年，我们学者都在强调儿童参与、青少年参与，正是希望能让孩子成为教育的主角，多听听他们的心声。我们也要承认，很多时候我们父母并不知道孩子要什么。我们要信任孩子，相信他们也是努力想要成长得好，总是在努力做好，即使在他弄得一团糟的时候也是。无论他是一棵树、一棵花，还是一棵草，都有自己的生命逻辑，要由他主宰自己生命的走向。

我们常说“十年树木，百年树人”，教育孩子比种植苹果树更慢。要想让孩子的根基更稳固，我们就要更用心地去给孩子创造一个适合他们发展的环境，让他们做主角，体会他们的感受，询问他们的需求，跟随他们的节奏。

毕竟，他们的人生只能他们来过，他们的幸福和爱只能由他们自己产生和创造。无论我们多么爱孩子，都需要还给他们做主体的权利，我们能做的仅仅是给他们一个更好的环境。

在优势累积教育法中学会爱，感受幸福

我一直相信爱需要学习，幸福需要练习，这样孩子才能有爱的能力和幸福的感受。而优势累积教育法就是让父母学会爱、练习幸福的重要方法。

优势累积教育法的每一步都和爱与幸福有关。

我们去学习孩子的成长规律是为了了解和理解他们，这是爱

的基础。我们学会给自己的父母角色定位，是我们通过自爱来找到爱人的边界；我们用魔法水消除 80% 的问题，是在消除异化带给我们的迷失，给孩子一个更适合他们成长的环境；我们用正面标签法给孩子贴小红花，是让孩子有成就体验，激发孩子对生活的热爱；我们用技能法解决问题，是给孩子注入爱的乳汁，让他们更强大；我们用游戏化的方法来陪伴和教育孩子，是在给孩子提供蜂蜜，让他们感受生活本身的乐趣和魅力。

优势累积教育法可以用在孩子身上，也可以用在配偶身上，甚至还可以用在自己身上。在今天这样一个快速变化的时代，爱需要学习，幸福需要练习，父母和孩子、老师和学生需要相互学习、彼此成就。优势累积教育法会在实践中慢慢教会我们爱的真谛，引领我们走上幸福的道路。

从今天开始，我们一起幸福吧。

后　记

我和老公都非常重视对孩子的教育。2004 年，女儿出生以后，我们就一起去学了心理学，在 2005 年又都考了国家二级心理咨询师的执照。我们原本以为自己学好了理论，在教育孩子方面肯定得心应手，再加上我自己是研究家庭社会学的，培养个孩子还不是小菜一碟吗？但很快我们就被生活打了脸，孩子的过敏体质、快速的生活节奏、信息时代的资讯混乱、教育机会的竞争、现代生活的压力……我们发现快乐教育说说容易，做起来真难啊。尤其是后来我们又有了一个儿子，男孩的慢一拍和与他姐姐的截然不同，更是让我跟老公有了从未有过的焦虑，开始质疑自己过去的认知。

所以，从 2007 年开始，我的研究领域从性别、家庭的大领域开始聚焦到家庭教育和孩子成长。我从已有的研究成果去寻找答案，也做一系列的研究来探讨中国本土化的家庭教育和孩子成长到底应该怎么进行，因此，有了优势累积教育法。

一晃十多年过去了，我觉得很幸运，优势累积教育法让我的家庭变得更幸福，让我以母亲的身份得到了成长，也让我的孩子长成了他们自己很满意的样子。

当看到社会中父母的焦虑和无奈这几年有增无减，看到一个个青春期的孩子出现种种问题，看到学校和家庭的互动出现错位的时候，我觉得作为学者自己有责任把问题研究得更为透彻，也有责任把优势累积教育法教给更多的人。

在过去五六年中，我做了无数场公益讲座，线上线下影响了几百万人；也做了很多实操性的工作坊和深度课程学习体系，帮助一个个家庭走出恶性循环，找到自己的幸福和成长之路。当看到本来因为孩子教育问题要离婚的学员因为学了优势累积教育法，不仅找到了教育孩子的方向，夫妻关系也得到了改善；当看到厌学的孩子在优势累积教育法的影响下，对学业恢复了兴趣和自信，成绩不断提升；当看到网络成瘾的孩子在父母使用优势累积教育法之后，重新感受到生活的乐趣，并找到自己的特长；当以前说一说才动一动的孩子因为父母使用了优势累积教育法，又对生活和学业充满了探索精神；当看到……太多这样的个案，它们激励我把优势累积教育法好好地写出来，以便让更多的人看到，于是就有了这本书。

为了阅读的流畅，我舍弃了学术的写作手法，隐去了大量的脚注尾注，但在写作过程中，我力图做到每个观点都有出处。为了行文更形象生动，我用了大量真实的个案，当然，名字和身份都做了匿名处理；为了让优势累积教育法更具有操作性，我在每一章的最后都做了总结，在全书的末尾也做了总结。

在今天这样快速发展的世界中，成为好父母真的很不容易，我们不得不一边学习，一边改进，好在你我一起，互相助力，互相支持。我希望能成为你的伙伴。我们在未来也会给这本书配上相应的线上课程，希望能帮到更多的人。你可以关注我的微博“沈奕斐”，或者微信公众号“奕斐有话说”。

最后，这本书的出版真的要感谢太多的人，复旦大学、公益机构、政府相关部门等的各位领导和朋友都给了很多的支持；参与优势累积教育法的学员们是这本书的铁粉，没有他们，就没有这些生动的个案；尤其感谢我的家人对我一直以来的信任和支持，正是因为他们给了我源源不断的爱，我才能把爱给到更多的人。

如果我们希望孩子成为天使，那首先要给他们创造一个天堂。未来，让你我一起为给孩子创造一个和谐美好的成长天堂而努力。

沈奕斐

2019 年冬

附：优势累积教育法实践方法

日常生活三步走

第一步：记住孩子只有特点，没有优缺点，看到孩子的特点发生在自己欣赏的地方，可多肯定或表扬孩子，忽略那些产生自然后果的特点。

第二步：看到孩子做的正确、可复制的行为，及时给予孩子肯定，正面标签时时贴、多样贴、重复贴，让孩子体验成就，体验被肯定的感受。

第三步：每星期至少花 6 个小时和孩子一起做愉快的亲子互动，不谈学习，就是玩玩游戏，让快乐的能量在家庭中流动。

焦虑时三问

第一问：培养孩子是为了什么？（自己的焦虑和这个目标是什么关系？）

第二问：自己应该在此时此刻面对孩子扮演什么角色？

第三问：用损害亲子关系的方式教育孩子，值得吗？

遇到问题，想教育孩子时三想三改变

第一想：这是孩子的什么特点？我真的要去改变它吗？

第二想：这个问题是谁的问题，是什么性质的问题？孩子犯错是故意的还是无意的？

第三想：孩子这么做，背后的逻辑和需求是什么？

第一改变：忍不住想教育孩子的时候，请把“但是”后面的内容置换为正面的肯定。

第二改变：教育孩子的时候，把关注点放在目标上而不是问题上，帮孩子搭个台阶，引导孩子培养一个技能，这样每一个问题都能成为孩子的成长机会。

第三改变：用游戏化的方式让问题解决变得更愉快。

请牢记：孩子是他生命的主宰，我们只是他身边最重要的环境。

如果你还有疑问，欢迎关注微信公众号“奕斐有话说”，或者通过微博“沈奕斐”和我联系。

本书所获推荐

家庭教育决定了一个人的根基，对孩子的成长非常重要，但太过焦虑的父母如果没有方法，常常事倍功半。《做对“懒”爸妈 养出省心娃》这本书提供的一整套家庭教育方法，既能帮助父母掌握与孩子顺畅沟通的方法，同时还能帮助孩子成长，保护并培养孩子的内驱力。父母轻松，孩子快乐。推荐给中国的年轻父母们。

——俞敏洪　新东方教育创始人

鸡蛋从外面打碎是压力，从里面打碎是成长；从外面打碎，无论用什么方法，鸡蛋只能变成食品；只有从里面打碎，鸡蛋才能变成生命。急妈妈总是想包揽孩子的一切，千方百计从外面打碎蛋壳，帮孩子“抢跑”，致使孩子长大后成为无情、无能、无责任感的无用之人。懒妈妈却能平静地看着孩子自己慢慢把蛋壳打碎，静等花开，虽然花费了时间，虽然出壳的“小鸡”不那么美丽，但长大之后，却成为有情感、有责任、可以独立生存的人。

俗话说“娘勤女儿懒”讲的就是这个道理，但许多父母做不到。复旦大学教授沈奕斐在大量调查和实践的基础上，写出了让人耳目一新的家庭教育著作《做对“懒”爸妈 养出省心娃》，用通俗的语言和有说服力的案例，提出切实可行的科学教育理念和方法，能帮到中国很多父母尤其是为养育孩子而烦恼的年轻父母。大家可以从这本书里学会表达爱和养育孩子的正确方法，找到既不伤害亲子关系又能帮助孩子成长的方式，从而真正享受并拥有和谐的亲子关系。

——卢勤　知心姐姐

跟着作者的育儿认知去理解育儿难题，你会豁然醒悟，原来没这么难啊，你会感到信心大大地增加。好的书就是有这种引领的价值。

——陈默　儿童青少年心理咨询专家

奕斐是优秀的社会学者，更是一位处理家庭、亲子关系的能手，她与家人的种种相处之道，是真正的“知行合一”。现代家长普遍焦虑、辛苦，说起来也真是不容易，然而，家长们只能这样“活”吗？当然不是。奕斐用自己的研究与实践告诉大家，父母完全可以用对方法，激发孩子的内在动力，父母与孩子是队友，是伙伴，不是对手；他们之间流动的不是紧张、恐惧的情绪，而是爱。

——何婕　SMG 主持人，阅读推广人

本书为

全国首批家庭教育科研课题（2016—2020 年）

《家庭教育指导者培训课程体系研究》成果